국립중앙도서관 출판시도서목록(CIP)

```
(이 한권이면 든든) 보디가드 여행영어 / 엮은이 : VLE연구소. —
서울 : 비타민북, 2010
   p. ;   cm

ISBN 978-89-92683-32-6 13740 : ₩8000

영어 회화[英語會話]

747.5-KDC5
428-DDC21                                    CIP2010002055
```

보디가드 여행 영어

초판 1쇄 발행 | 2010년 6월 21일
초판 7쇄 발행 | 2018년 5월 30일

엮은이 | VLE연구소
펴낸이 | 남승천, 박영진

디자인 | 이재민
제 작 | 선경프린테크

펴낸곳 | Vitamin Book
등 록 | 제318-2004-00072호
주 소 | 07251 서울시 영등포구 영신로 40길 18 윤성빌딩 405호
전 화 | (02) 2677-1064
팩 스 | (02) 2677-1026
이메일 | vitaminbooks@naver.com

ⓒ2010 Vitamin Book

ISBN 978-89-92683-32-6 (13740)

*잘못 만들어진 책은 바꾸어 드립니다

```
이 도서의 국립중앙박물관 출판시도서목록(CIP)은 e-CIP 홈페이지
(http://www.nl.go.kr/ecip)에서 이용하실 수 있습니다.(CIP제어번호: CIP2010002055)
```

보디가드 여행 영어

VLE연구소 엮음

비타민 Book

머리말

세계 각국의 다양한 문화를 체험하고자 해외여행을 떠나려고 해도 영어에 대한 두려움으로 여행을 망설이고 계십니까?
〈보디가드 여행영어〉는 현지에서 꼭 필요한 여행회화만을 골라서 수록했기 때문에 영어를 전혀 못하는 사람들도 해외여행에 대한 두려움을 말끔히 씻어주고 자신감을 가져다 줄 것입니다.
이 책의 구성은 첫째, 한국을 출발하여 해외에 도착하는 순간부터 시작해서 다시 귀국할 때까지의 여행 순서대로 구성하였기 때문에, 여러분이 여행을 하는 동안 영어회화에 대한 별다른 불편 없이 자유롭게 여행을 즐길 수 있습니다.
둘째, 영어를 전혀 못하는 사람들을 위해서 한글로 영어 발음을 읽을 수 있도록 하여, 현지에서 또박또박 발음만 잘 읽을 수 있다면 현지인들도 충분히 알아들을 수 있습니다.

셋째, 손쉽게 휴대하기 편하도록 포켓판으로 만들었기 때문에 어느 곳에서도 의사소통에 대한 두려움 없이 즐거운 여행을 할 수 있습니다.
넷째, 이 책을 좀 더 유용하게 활용하기 위해서는 해외로 여행을 떠나기 전, 미리 이 책의 구성을 익혀두신다면 한층 더 보람 있고 즐거운 여행이 될 것입니다.
아무쪼록 이 책이 해외여행을 떠나는 여러분들께 작은 도움이 되길 바랍니다.

2010년 6월
엮은이

이 책의 특징

1 간편하고 유용한 표현만을 엄선

영어를 잘 하지 못하는 사람들이 해외로 여행, 출장 등을 떠날 때 현지에서 유용하게 쓸 수 있도록 간편한 회화문으로 구성했습니다.

2 출발에서 귀국까지 여행 스케줄에 맞춘 순서 배열

해외로 여행을 떠날 때부터 귀국할 때까지 다양한 상황에 대처할 수 있도록 기본회화는 물론, 도착·숙박·교통·식사·관광·쇼핑·트러블·귀국에 이르기까지 8개의 주요 장면으로 구성했습니다.

3 원하는 표현을 찾아보기 쉽도록 사전식 구성

모든 영어 회화표현은 우리말을 먼저 제시하여 상황에 따라 필요한 단어를 사전식으로 구성하였으므로 누구나 쉽게 찾아볼 수 있습니다.

4 초보자도 읽을 수 있도록 한글로 영어발음 표기

이 책은 영어회화를 제대로 구사하지 못해도 한글로 영어 발음을 달아두었기 때문에 또박또박 발음만 잘한다면 현지인들도 충분히 알아들을 수 있도록 했습니다.

5 PART별 주요 장면마다 가이드 설명

여행을 하는 동안 현지상황을 미리 알고 여행할 수 있도록 구성했습니다.

6 즉석에서 찾아 간편하게 쓸 수 있는 여행 단어

회화 표현뿐만 아니라 필요한 단어를 즉석에서 찾아볼 수 있도록 여행에 관련된 단어를 PART별로 수록했습니다.

머리말 • 4
이 책의 특징 • 6

여행 준비 • 14
인천국제공항 가는 길 • 20

이것만은 알고 출발하자!
Useful Expressions

만났을 때 Greetings • 26
소개할 때 Introductions • 29
사람을 부를 때 Addressing People • 32
고마움을 나타낼 때 Thanking • 35
미안함을 나타낼 때 Apologizing • 38
응답할 때 Yes / No • 41
확인할 때 Confirming • 44
물을 때 Asking a Question • 47
부탁할 때 Asking for Favors • 52
긴급한 상황에서 유용하게 쓰는 말 In case of Danger • 55

Part 1 도착
Arrival

도착 가이드 • 60
비행기 안에서 On the Airplane • 62
입국심사를 받을 때 At the Immigration Office • 66
세관검사를 받을 때 At the Customs • 71
공항에서 At the Airport • 74
공항에서 시내로 들어갈 때 From the Airport to the City • 77
출입국 · 기내에서 쓰는 영단어 • 80

Part 2 숙박
Hotel

숙박 가이드 • 84
호텔을 예약할 때 Booking a Room • 86
호텔 체크인할 때 Check in • 88
호텔 서비스를 이용할 때 Service at the Hotel • 93
호텔 부대시설을 이용할 때 Asking about Facilities • 98
호텔에서 미용실을 이용할 때 Barbers & Beauty Salons • 101

호텔에서 통신을 이용할 때 Making a Phone Call • 104
호텔에서 문제가 생겼을 때 Problems in a Hotel • 108
호텔 체크아웃할 때 Check out • 113
호텔에서 쓰는 영단어 • 118

 교통
Traffic

교통 가이드 • 122
길을 물을 때 Asking the Way • 124
길을 잃었을 때 Losting Your Way • 129
택시를 이용할 때 Taxi • 132
버스를 이용할 때 Bus • 137
지하철을 이용할 때 Subway • 142
열차를 이용할 때 Train • 147
비행기를 이용할 때 Airplane • 152
렌터카를 이용할 때 Rent-a-car • 156
자동차를 운전할 때 Drive • 161
교통에서 쓰는 영단어 • 166

식사
Meal

식사 가이드 • 170
식당을 찾을 때 Looking for the Restaurant • 172
식당을 예약할 때 Making a Restaurant • 174
식당에 들어섰을 때 Being Seated • 177
식사를 주문할 때 Ordering Meals • 180
식사할 때 During the Meal • 185
술과 음료를 마실 때 Drinking • 188
식당에서 문제가 생겼을 때 Problems at a Restaurant • 193
패스트푸드점을 이용할 때 In a Fast-food Restaurant • 196
식비를 계산할 때 Paying the Bill • 199
식당에서 쓰는 영단어 • 202

관광
Sightseeing

관광 가이드 • 206
관광안내소에서 Tourist Information Center • 208

Contents

투어를 이용할 때 Tour • 213
관광할 때 Sightseeing • 216
관람할 때 Viewing • 219
기념사진을 찍을 때 Taking Photos • 224
오락을 즐길 때 Pastimes • 227
스포츠를 즐길 때 Sports • 230
관광·스포츠에서 쓰는 영단어 • 232

 Part 6 쇼핑 Shopping

쇼핑 가이드 • 236
가게를 찾을 때 Looking fot the Shop • 238
물건을 찾을 때 Looking for the Things • 241
물건을 고를 때 Selecting the Things • 246
백화점·면세점에서 At Department Store·Duty Free Shop • 251
물건 값을 흥정할 때 Paying the Bill • 254
포장과 배달을 원할 때 Wrap & Deliver • 259
배송·교환·반품·환불을 원할 때 Exchange & Refund • 262
쇼핑에서 쓰는 영단어 • 264

Part 7 트러블 Trouble

안전 대책 가이드 · 268
영어를 잘 모를 때 Mutual Understanding · 270
난처한 상황에 빠졌을 때 A Difficult Situation · 273
물건을 분실했거나 도난당했을 때 Lost · Theft · 278
사고가 났을 때 Accident · 281
몸이 아플 때 Illness & Injury · 284
긴급 상황에서 쓰는 영단어 · 288

Part 8 귀국 Returning to Korea

귀국 가이드 · 292
여행을 마치고 귀국을 준비할 때 Reconfirm · 294
공항으로 갈 때 From the City to the Airport · 299
탑승수속을 밟을 때 Boarding Procedures · 302
비행기를 탑승할 때 Boarding Guide · 305
탑승했을 때 On the Airplane · 308
귀국 · 통신에서 쓰는 영단어 · 310

해외로 여행을 하려면 무엇보다 사전에 준비가 철저해야 한다. 출국에 앞서 가장 기본적인 준비는 여권 만들기, 방문국의 비자취득(비자 면제 국가는 제외), 각종 여행정보 수집, 국제운전면허증 등 각종 증명서 만들기, 출국 교통편 정하기, 숙박 예약, 환전 및 여행에 필요한 짐 챙기기 등이 있다. 물론 이러한 준비는 여행사를 통해서 간편하게 할 수 있다.

★ 여권_passport

여권은 외국을 여행할 때 여행자의 신분과 국적을 증빙하고, 그 보호를 의뢰하는 문서로써 해당 기관, 즉 외무부 여권과 및 시청·구청·군청 등에서 발급받는다. 여권 발급 시의 구비서류는 다음과 같다.

① 여권 발급 신청서 : 1부
② 여권용 사진 : 2매
③ 발급 비용 : 45,200원
④ 주민등록증이나 운전면허증, 구여권

⑤ 주민등록등본 : 2통
⑥ 병무 확인서
- 여권 발급에 소요되는 기간은 4~5일, 성수기에는 7~10일 정도 걸린다.
- 여권의 유효기간 : 10년
- 외무부 여권과 : Tel (02)733-2114, 720-2735

★ 비자_visa

비자는 여행하고자 하는 국가기관(대사관)에 의뢰하면 입국을 허가하는 공식 문서로써 여행 목적에 따라 관광비자(15일 이내)와 상용비자(15일 이상)로 구분하여 발급된다. 비자 발급 시의 구비서류는 다음과 같다.

① 여권
② 여권용 사진 : 1매
③ 주민등록증(증명서)
④ 초청장
⑤ 발급 비용 : 15,000원(8일 소요), 35,000원(3일 소요)

★ 짐을 꾸리기 전에 반드시 확인하자

여행 일정에 가장 중요한 일은 짐을 꾸리는 일이다. 대충 짐을 꾸렸다가는 여행지에서 낭패를 보기 십상이다. 여행지의 기후나 풍토에 대한 정보를 충분히 알아보고 의식주에 관한 준비를 하는 것이 꼭 필요하다.

★ 여행을 떠나기 전에 미리미리 준비하자!

'짐은 적을수록 좋다' 라는 기본 상식에 너무 충실하면, 꼭 챙겨가야 할 필수품까지 빼놓고 떠날 수 있다.
여권과 항공권 · 현금 · 신용카드 · 필기도구 · 운전면허증 및 각종 서류는 작은 가방에 넣어 별도로 소지하는 것이 좋다.

> ① 여권 : 사진이 있는 면을 복사해서 여권과 별도로 보관한다.
> ② 항공권 : 출국과 귀국 날짜, 노선, 유효기간을 확인해 둔다.
> ③ 현지화폐 : 교통비, 입장료 등의 소액
> ④ 여행자수표 : 현금과의 비율은 2 : 8 정도

★ **옷가지와 신발**

옷들은 가장 부피가 큰 짐이다. 최소한의 옷을 선택하는 지혜가 필요하다. 기본은 속옷과 양말, 티셔츠 2~4벌. 새로 장만하려고 허둥대지 말고 평소 입던 편안하고 다루기 쉬운 옷가지 위주로 준비한다.

레스토랑에서의 식사와 같은 공식적인 스케줄이 잡혀 있으면 구두와, 남성은 깃이 달린 셔츠와 넥타이, 여성은 우아한 치마를 한 벌 정도 준비한다. 또 겨울은 물론이고 여름에도 아침저녁으로는 쌀쌀해지고, 차를 타고 관광할 때는 에어컨 시설이 잘 되어 있으므로 스웨터나 카디건을 준비해 그때그때 걸친다.

신발은 걷기에 편한 것이 기본이다. 길들여지지 않은 새 신발, 굽이 높은 신발은 금물. 새것보다는 길들여진 헌 신발이 오히려 편안하다. 여름이라면 샌들도 괜찮다. 숙소에서 신을 슬리퍼도 있으면 유용하다.

★ **세면도구**

작은 호텔이나 유스호스텔 등에는 설비가 잘 되어 있지 않은 곳이 많으므로 여행용 세면도구와 타월, 드라이어, 화장품, 손톱깎이 등을 준비한다. 일류호텔의 경우에는 대부분 잘 갖춰져 있으므로 치약, 칫솔 정도만 준비해 간다. 소화제와 설사약, 감기약, 소독약, 연고, 1회용 밴드 등도 준비한다.

★ 여행가방과 짐꾸리기

가장 먼저 가방에 넣어야 하는 짐은 역시 부피가 가장 큰 옷가지들이다. 주름지지 않게 옷을 꾸리려면, 우선 반듯하게 옷들을 펴놓은 후 둘둘 말아 가방에 넣는 것이 좋다. 한꺼번에 옷가지를 꾸려 넣은 다음에는 가방의 남는 모서리에 속옷이나 양말, 신발 등을 넣는다. 딱딱한 트렁크에는 말아서 넣기 어려우므로 옷을 반으로 접어 차곡차곡 쌓는다.

세면도구와 속옷류·신발은 서로 뒤섞이지 않도록 입구를 봉할 수 있는 비닐봉지에 싸서 가방 가장자리의 빈 부분에 넣는다. 또 자주 꺼내야 하는 여권과 지갑, 화장품 등은 여행가방과는 별도로 핸드백이나 벨트색에 따로 챙긴다. 큰 가방은 호텔이나 짐보관소에 맡기고 작은 가방만 가지고 간편하게 다닌다.

★ 여행가방의 크기와 무게

비행기에 맡길 수 있는 짐은 행선지와 클래스에 따라 다르다.

> #### A. 위탁 수화물의 경우
> 먼저 위탁 수화물 허용량은 기본적으로 미주 지역은 수화물 개수가 기준이 되며, 유럽을 포함한 미주 이외의 지역은 무게가 기준이 된다.
>
> #### B. 휴대 수화물의 경우
> 휴대 수화물은 항공기 안전운항과 편안한 여행을 위하여, 이코노미 클래스인 경우 선반 혹은 좌석 아래에 넣을 수 있는 115cm(55cmx40cmx20cm) 이하 10kg(대한항공의 경우 12kg) 이하의 짐 1개이며, 프레스티지 및 비즈니스 클래스와 퍼스트 클래스는 2개까지 반입 가능하다. 이보다 큰 짐은 출국수속 때 따로 부쳐야 한다.

인천 국제공항 가는 길

★ 인천국제공항고속도로

인천국제공항고속도로는 공항 이용객의 정시성 확보를 최우선으로 감안하여 지역간 통행 기능을 배제하고 오직 인천국제공항 방면으로만 통행이 가능한 인천국제공항 전용고속도로이다. 즉, 인천국제공항고속도로로 진입하면 중간에서 김포공항이나 인천지역 등으로는 갈 수 없다.

인천국제공항고속도로는 6~8차선으로, 총연장은 40.2km (방화대교 인천공항)이다.

★ 인천국제공항고속도로 진입로 현황(5개소의 진입로)

- **은평, 마포 등 서울의 북부 지역** : 강변북로 및 자유로와 연결되는 북로 JCT
- **강남, 서초, 영등포, 여의도 등의 지역** : 올림픽대로와 연결되는 88 JCT
- **김포공항 및 강서지역** : 김포공항 IC
- **김포, 부천, 시흥, 일산 등의 지역** : 외곽순환고속도로와 연결되는 노오지 JCT
- **동인천 및 서인천 지역** : 북인천 IC

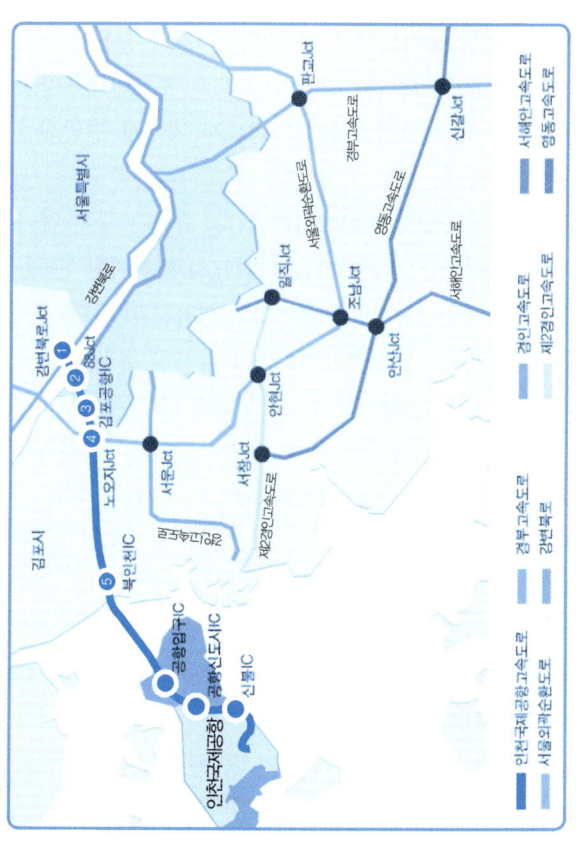

★ **자가용 이용시 유의사항**

여객터미널 출발도착층 진입로는 버스와 승용차(택시 포함)의 진입로가 분리되어 있으므로 도로안내표지의 승용차·택시용 진입차선을 반드시 지켜서 진입해야 한다.

출발층(고가도로, 3층)에서는 택시, 승용차 구분 없이 목적하는 항공사와 가까운 위치에서 승하차할 수 있다. 단, 승하차를 위한 5분 이상의 정차는 안 된다.

도착층(지상, 1층)에서는 택시, 승용차의 정차 위치가 지정되어 있으므로 지정된 위치에 정차해야 한다.

출발도착층에서는 장시간의 정차가 허용되지 않으므로 승하차 후 즉시 출발해야 한다.

★ **인천 영종도 해상항로**

인천에서 선박을 이용하여 인천국제공항으로 가고자 하는 여객의 경우 월미도, 영종도, 해상항로를 이용할 수 있다. 운항시간 매일 05:00~21:30이고, 운항간격은 약 15~20분이며, 도선료는 1,000원(대인 1인 기준)이다.

★ **공항 철도**

공항 철도는 현재 인천공항과 김포공항 간을 운행 중에 있으며, 김포공항에서는 지하철 5호선 · 9호선과 연결된다.

- 공항철도(주) : (032)745-7788 (www.arex.or.kr)

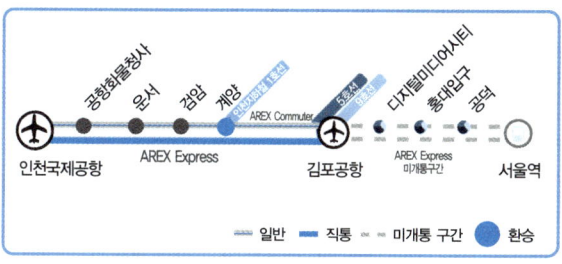

여행회화

이것만은 알고 출발하자!
Useful Expressions

만났을 때 Greetings

소개할 때 Introductions

사람을 부를 때 Addressing People

고마움을 나타낼 때 Thanking

미안함을 나타낼 때 Apologizing

응답할 때 Yes / No

확인할 때 Confirming

물을 때 Asking a Question

부탁할 때 Asking for Favors

긴급한 상황에서 유용하게 쓰는 말
In case of Danger

만났을 때
Greetings

안녕

Hi. / Hello.

하이 / 헬로우

〈오전〉 안녕하세요.

Good Morning.

굿 모닝

• morning 아침, 오전

〈오후〉 안녕하세요.

Good afternoon.
굿 에프터눈

• afternoon 오후

〈저녁〉 안녕하세요.

Good evening.
굿 이브닝

• evening 저녁, 야간

안녕히 주무세요. / 잘 자.

Good night.
굿 나잇

• night (밤부터 다음날까지) 밤, 야간

잘 지내셨습니까?

How are you?
하우 아 유

• how 어떻게

오랜만입니다.

Long time no see.
롱 타임 노 씨

• long 긴 • see 보다, 알다

어떻게 지내세요?

How have you been?
하우 해뷰 빈

• have 가지다, 있다, 소유하다

소개할 때
Introductions

제 소개를 하겠습니다.

Let me introduce myself.

렛 미 인트러듀스 마이셀프

- introduce 소개하다

만나서 반갑습니다.

Nice to meet you.

나이스터 밋츄

- nice 좋은, 즐거운, 멋진 · meet 만나다

만나게 되어 반갑습니다.

I'm glad to meet you.

아임 글래드 투 밋츄

· glad 기쁜

저 또한 만나서 반갑습니다.

Nice to meet you, too.

나이스터 밋츄, 투

· too 너무, 또한

어디서 오셨습니까?

Where are you from?

웨어라 유 프럼?

· from ~부터

저는 한국인입니다.

I'm a Korean.

아이머 코리언

저는 여행 중입니다.

I'm on a tour.

아임 오너 투어

• tour 여행, 관광

또 봅시다.

See you again.

씨 유 어게인

사람을 부를 때
Addressing People

어떻게 불러야 하나요?

What do they call you?

왓 두 데이 콜 유?

• call ~라고 부르다

〈남자를 지칭할 때〉 피터 씨.

Mr. Peter.

미스터 피터

〈결혼한 타인의 부인을 지칭할 때〉 피터 씨 부인.

Mrs. Peter.

미시즈 피터

〈모르는 남자를 부를 때〉 저, 여보세요.

Sir? / Excuse me, sir.

써-? / 익스큐즈 미, 써-

• excuse 변명, 이유, 핑계, 구실

〈모르는 여자를 부를 때〉 저, 여보세요.

Ma'am? / Excuse me ma'am.

맴? / 익스큐즈 미 맴

이름이 무엇입니까?

What's your name?

왓츠 유어 네임?

- name 이름

홍길동입니다.

My name is Kil-dong Hong.

마이 네임 이즈 길동 홍

알겠습니다.

I see. / I got it.

아이 씨 / 아이 가릿

고마움을 나타낼 때
Thanking

고마워요.

Thanks.

땡스

감사합니다.

Thank you.

땡큐

대단히 감사합니다.

Thank you very much.
땡큐 베리 머취

• much 많은

도와 주셔서 감사합니다.

Thank you for your help.
땡큐 풔 유어 핼프

• help 돕다, 거들다

진심으로 감사드립니다.

I heartily, thank you.
아이 하틀리, 땡큐

• heartily 진심으로

신세가 많았습니다.

You were a big help.

유 워러 빅 헬프

• big 큰

천만에요.

You're welcome.

유어 웰컴

• welcome 환영하다, 맞이하다

초대해 주셔서 감사합니다.

Thank you for inviting me.

땡큐 풔 인봐이팅 미

미안함을 나타낼 때
Apologizing

정말로 죄송합니다.

I'm really sorry.

아임 리얼리 쏘리

• really 실제로, 진짜로

대단히 죄송합니다.

I'm very sorry.

아임 베리 쏘리

• sorry 미안한, 애석한

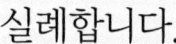

실례합니다.

Excuse me.

익스큐즈 미

제가 잘못했습니다.

It's my fault.

잇츠 마이 펄트

- fault 잘못, 책임

당신 잘못이 아닙니다.

That's not your fault.

댓츠 낫 유어 펄트

용서하십시오.

Please forgive me.
플리즈 풔깁 미

• forgive 용서하다, 죄송하다

신경 쓰지 마십시오.

No problem.
노 프라블럼

• problem 문제

〈옆 사람에게〉 자리를 바꿔 주시겠습니까?

Could I change seats?
쿠다이 체인쥐 씻츠?

• change 바꾸다

응답할 때
Yes / No

예. / 아니오.

Yes. / No.
예스 / 노

예, 그렇습니다.

Yes, it is.
예스, 이리즈

아니오, 괜찮습니다.
No, thank you.
노, 땡큐

• thank 감사하다

맞습니다.
That's right.
댓츠 롸잇

• right 옳은, 올바른

알았습니다.
I understand.
아이 언더스탠

• understand 이해하다, 알다

모르겠습니다.

I don't know.

아이 돈트 노우

- know 알다

물론이죠.

Of course.

옵 코얼스

- course 강좌, 과정, 방향

천만에요.

You're welcome.

유어 웰컴

확인할 때
Confirming

뮈라고 하셨습니까?

What did you say?

왓 디쥬 쎄이?

· say 말하다

다시 한 번 말씀해 주시겠습니까?

Could you say that again?

쿠쥬 쎄이 대러게인?

· again 한 번 더, 다시

좀 더 천천히 말씀해 주십시오.

Please speak more slowly.

플리즈 스픽 모어 슬로리

- speak 이야기하다 - slowly 천천히

뭐라고요?

What?

왓?

- what 무엇, 몇, 어떤, 무슨

그건 무슨 뜻입니까?

What does it mean (by that)?

왓 더짓 민 (바이 댓)?

간단히 설명해 주세요.

Please explain briefly.
플리즈 익스플레인 브리플리

- explain 설명하다 • briefly 잠시, 간단히

방금 뭐라고 하셨죠?

What did you say just now?
왓 디쥬 쎄이 저슷 나우?

- just 딱, 그 순간에, 단지

잘 안 들립니다.

I can't hear you.
아이 캔(트) 히어 유

물을 때
Asking a Question

이름이 뭡니까?

What's your name?

왓츄어 네임?

저건 뭡니까?

What's that?

왓츠 댓?

• what 무엇, 어떤, 무슨

무얼 찾고 있습니까?

What are you looking for?

와라유 룩킹 풔?

- look 보다

무슨 일을 하십니까?

What do you do (for a living)?

왓 두 유 두 (풔러 리빙)?

- living 생활비, 생계 수단

어느 쪽입니까?

Which way?

위치 웨이?

- which 어떤 것 • way 방법, 방식

몇 개입니까?

How many?

하우 메니?

- many 많은

여기는 어디입니까?

Where are we?

웨어라 위?

- where 어디

지금은 어디 사세요?

Where do you live now?

웨어 두 유 리브 나우?

입구는 어디입니까?
Where's the entrance?
웨얼즈 디 엔트런스?

- entrance 입구

어디 출신입니까?
Where are you from?
웨어라 유 프럼?

몇 살입니까?
How old are you?
하우 올드 아 유?

- old 나이

몇 분이십니까?

For how many people, please?

풔 하우 메니 피플, 플리즈?

• people 사람들

〈가격이나 양을 물어볼 때〉 얼마입니까?

How much is it?

하우 머취 이짓?

비상구는 어디에 있습니까?

Where's the fire exit?

웨얼즈 더 퐈이어 이그짓?

• fire 불 • exit 출구

부탁할 때
Asking for Favors

부탁이 있는데요.

Could you do me a favor?
쿠쥬 두 미 어 풰이버?

- favor 호의, 친절, 은혜

도와주시겠습니까?

Can you help me?
캔 유 핼프 미?

- help 돕다, 거들다

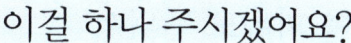

이걸 하나 주시겠어요?

Can I have a this one?
캔나이 해버 디스 원?

여기에 앉아도 됩니까?

May I sit here?
메아이 씻 히얼?

· sit 앉다

안으로 들어가도 됩니까?

May I come in?
메아이 커민?

· come 오다

여기서 담배를 피워도 됩니까?

May I smoke here?
메아이 스목 히얼?

- smoke (담배를) 피우다

잠깐 여쭤도 될까요?

May I ask you something?
메아이 애스큐 썸씽?

- something 무엇, 어떤 것

잠깐 기다려 주세요.

Please wait for me.
플리즈 웨잇 풔 미

긴급한 상황에서 유용하게 쓰는 말
In case of Danger

도와줘요! / 살려줘요!

Help! / Help me!

헬프! / 헬프미!

그만둬요!

Stop it!

스타빗!

• stop 서다, 멈추다

도둑이야, 거기 서!

Stop, thief!
스탑, 씨프!

• thief 도둑

저놈 잡아라!

Get him!
게림!

• get 받다

경찰을 불러요!

Call the police!
콜 더 폴리스!

• police 경찰

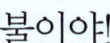

불이야!

Fire!

파이어

위급합니다.

It's an emergency.

잇츠 언 이머전시

구급차를 불러주세요.

Call an ambulance, please.

콜 언 앰블런스 플리즈

도착 Arrival

도착 가이드

비행기 안에서
On the Airplane

입국심사를 받을 때
At the Immigration Office

세관검사를 받을 때
At the Customs

공항에서
At the Airport

공항에서 시내로 들어갈 때
From the Airport to the City

출입국 · 기내에서 쓰는 영단어

 **가이드**

★ **기내에서**

비행기를 처음 타거나 배정된 좌석을 찾기 힘들 땐 항상 항공사 스튜어디스에게 도움을 청한다. 만약 외국 비행기에 탑승했을 경우 의사소통이 어렵더라도 좌석권을 스튜어디스에게 보여 주기만 하면 직원들이 알아듣고 서비스를 제공해 준다.

승무원을 호출할 때는 호출 버튼을 이용하면 된다. 스튜어디스가 나눠주는 해당 국가의 입국카드(혹은 좌석 테이블 안에 있음)가 배포되면 승무원의 도움을 받아 기재하면 된다. 서울에서 출발하는 비행기는 외국의 비행기라도 한국인 스튜어디스나 한국어를 할 줄 아는 외국인 스튜어디스가 있다.

★ **입국심사**

도착하면 'Arrival'이라는 표시를 따라간다. 다른 승객도 가기 때문에 따라서 가면 된다. 입국심사 장소가 외국인(Alien)과 내국인으로 나뉘어져 있다. 물론 외국인 쪽에 서야 한다.

도착

> **질문은 세 가지**
>
> 입국심사는 한 사람씩 심사관 앞에서 하기 때문에 긴장하는 사람도 있지만 무서워할 필요는 없다. 우선 심사관에게 "안녕하세요?" 등 밝게 인사를 하고 담당관의 안내에 따른다.
> 심사관은 여행자가 가지고 있는 여권과 비자, 그리고 돈은 얼마나 가지고 있는지, 그런 것을 알고 싶을 뿐이다. 그리고 세계 어느 곳을 가더라도 질문하는 것은 세 가지로써 여행 목적, 체재 기간, 체재 장소이다.

★ **세관을 통과하면서**

여행자가 권총이나 마약 등 소지가 금지되어 있는 물건을 소지하고 있는지 조사하는 것이다. 그러므로 걱정하지 않아도 된다. 다만 비상용으로 가지고 가는 구급약(특히 분말로 된 것)은 마약은 아닐까 의심받을 수 있기 때문에 의사나 약사의 처방전을 받아두는 것이 좋다. 그밖에 한국에서 가져가는 식료품 등도 설명이 필요할지 모른다.

비행기 안에서
On the Airplane

〈탑승권을 보이며〉 제 좌석은 어디입니까?

Where is my seat?

웨어리즈 마이 씻?

• seat 자리, 좌석

〈옆 사람에게〉 자리를 바꿔 주시겠습니까?

Could I change seats?

쿠다이 체인쥐 씻츠?

• change 바꾸다, 변화시키다

도착

저기 빈자리로 옮겨도 됩니까?

Could I move to an empty seat over there?

쿠다이 무브 투 언 앰티 씻 오버 데얼?

잠깐 지나가도 될까요?

May I go through?

메아이 고우 쓰루?

• through ~사이로, ~을 통해

음료는 뭐가 좋겠습니까?

What would you like to drink?

왓 우쥬 라익 투 드링?

• drink 음료, 마실 것

어떤 음료가 있습니까?

What kind of drinks do you have?

왓 카인업 드링스 두 유 해브?

• kind 종류, 유형

식사는 다 하셨습니까?

Are you through with your meal?

아유 쓰루 위듀어 밀?

〈면세품 사진을 가리키며〉 이것은 있습니까?

Do you have this?

두 유 해브 디스?

한국 돈은 받습니까?

Do you accept Korean Won?

두 유 억셉 코리언 원?

• accept 받아주다

몸이 좀 불편합니다. 약을 주시겠어요?

**I feel a little sick.
Can I have some medicine?**

아이 필 어 리를 씩. 캔 아이 해브 썸 메더씬?

<입국카드를 작성할 때> 이 서류 작성법을 가르쳐 주시겠어요?

Could you tell me how to fill in this form?

쿠쥬 텔 미 하우 투 필 인 디스 폼?

입국심사를 받을 때
At the Immigration Office

여권을 보여 주십시오.

Your passport, please.

유어 패스폿, 플리즈

• passport 여권

입국 목적은 무엇입니까?

What's the purpose of your visit?

왓츠 더 펄퍼스 업 유어 비짓?

• purpose 목적, 용도 • visit 방문하다

관광입니다.

Sightseeing.
싸잇씽

- Sightseeing 관광

얼마나 체재하십니까?

How long are you staying?
하우 롱 아 유 스태잉?

- how 어떻게 · stay 계속 있다

어디에 머무십니까?

Where are you staying?
웨어라 유 스태잉?

〈메모를 보이며〉 숙박처는 이 호텔입니다.

I'll stay at this hotel.
아일 스테이 앳 디스 호텔

(호텔은) 아직 정하지 않았습니다.

I don't know which one.
아이 돈트 노우 위치 원

· know 알다, 알고 있다

단체여행입니까?

Are you a member of group tour?
알 유어 멤버럽 그룹 투어?

· member 구성원, 회원 · group 무리

도착

현금은 얼마나 가지고 있습니까?

How much cash do you have with you?

하우 머치 캐쉬 두 유 해브 위듀?

최종 목적지는 어디입니까?

What's your final destination?

왓츄어 파이널 데스터네이션?

- final 최종적인 • destination 목적지

이 나라는 처음입니까?

Is this your first visit (here)?

이즈 디스 유어 풔숫 비짓 (히얼)?

- first 첫 번째 • visit 방문하다

네, 처음입니다.

Yes, it is.
예스, 이리즈.

됐습니다. 좋은 하루 되세요.

Good. Have a nice day.
굿. 해버 나이스 데이.

즐거운 여행 되세요.

Enjoy your trip.
인죠이 유어 트립.

• enjoy 즐기다

세관검사를 받을 때
At the Customs

도착

짐은 어디서 찾습니까?

Where can I get my baggage?
웨얼 캔아이 겟 마이 배기쥐?

• baggage 수화물, 짐

제 짐이 보이지 않습니다.

I can't find my baggage.
아이 캔트 퐈인 마이 배기쥐.

신고할 것은 있습니까?

Do you have anything to declare?

두 유 해브 애니씽 투 디클레어?

- anything 무엇이든 • declare 신고하다

이 가방을 열어 주십시오.

Please open this bag.

플리즈 오픈 디스 백

- please (남에게 부탁할 때) 부디, 제발

내용물은 무엇입니까?

What's in it?

왓츠 이닛?

도착

이건 뭡니까?

What's this?

왓츠 디스?

다른 짐은 있나요?

Do you have any other baggage?

두 유 해브 애니 아덜 배기쥐?

• other 다른

과세액은 얼마입니까?

How much is the duty?

하우 머치즈 더 튜티

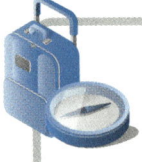

공항에서
At the Airport

관광안내소는 어디에 있습니까?

Where is the tourist information center?

웨어리즈 더 투어리슷 인풔메이션 쎄너?

시가지도와 관광 팸플릿을 주시겠어요?

Can I have a city map and tourist brochure?

캔 아이 해버 씨티 맵 앤 투어리슷 브로슈어?

도착

매표소는 어디에 있습니까?

Where is the ticket office?

웨어리즈 더 티킷 오퓌스?

- ticket 표, 입장권 • office 근무처, 사무실

여기서 호텔을 예약할 수 있습니까?

Can I reserve a hotel here?

캔 아이 리저버 호텔 히얼?

- reserve 예약

시내 호텔을 예약해 주시겠어요?

Could you reserve a hotel in the city?

쿠쥬 리절버 호텔 인 더 씨티?

- city 도시

여기서 렌터카를 예약할 수 있습니까?

Can I reserve a rental car here?

캔 아이 리절버 렌탈 카 히얼?

• rental 임대, 사용료

이걸 환전해 주시겠어요?

Could you exchange this?

쿠쥬 익스체인쥐 디스?

• exchange 교환

잔돈도 섞어주세요.

I'd like some small change.

아이드 라익 썸 스몰 체인지

공항에서 시내로 들어갈 때
From the Airport to the City

도착

포터를 찾고 있습니다.

I'm looking for a porter.

아임 룩킹 풔러 포터

• porter 짐꾼

이 짐을 택시 승강장까지 옮겨 주세요.

Please take this baggage to the taxi stand.

플리즈 테익 디스 배기쥐 투 더 택시 스탠드

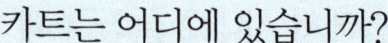

카트는 어디에 있습니까?

Where are the baggage carts?

웨어라 더 배기쥐 카츠?

• cart 수레, 우마차

짐을 호텔로 보내 주세요.

Please deliver the baggage to my hotel.

플리즈 딜리버 더 배기쥐 투 마이 호텔

〈택시〉 호텔로 가주세요.

To Hotel, please.

투 호텔, 플리즈

짐을 트렁크에 넣어 주세요.

Please put my baggage in the trunk.

플리즈 풋 마이 배기쥐 인 더 트렁크

- put 넣다, 놓다 • trunk (옷, 책 등을 담는) 가방

시내로 가는 버스는 있습니까?

Is there a bus going downtown?

이즈 데어러 버스 고잉 다운타운?

- downtown 시내

다음 버스는 언제 옵니까?

How long will the next bus be?

하우 롱 윌 더 넥스트 버스 비?

출입국 · 기내에서 쓰는 영단어

공항버스	limousine bus 리머진 버스	
	airport bus 에어포트 버스	
국내선	domestic service 더메스틱 서비스	
국적	nationality 내셔낼러티	
국제선	international service 인터내셔널 서비스	
나이	age 에이쥐	
대합실	waiting room 웨이팅 룸	
면세품	tax free goods 택스 프리 굿즈	
목적	purpose 펄퍼스	
목적지	destination 데스티네이션	
분실물	things left behind 띵즈 레프트 비하인	
비상구	emergency exit 이머전씨 엑짓	
비자, 사증	visa 비저	
산소마스크	oxygen mask 악씨전 매스크	
생년월일	date of birth 데잇 업 버쓰	
서명	signature 씨그너춰	
성(姓)	surname 서네임 last name 래스트네임	
성명	full name 풀네임	

세관신고서	customs declaration card 커스텀스 데클러레이션 카드	
여권	passport 패쓰포트	
영수증	receipt 리씨잇	
입국	entry into a country 엔트리 인투 어 컨추리	
입국카드	landing card 랜딩 카드	
좌석번호	seat number 씻 넘버	
주소	address 어드레스	
직업	occupation 아큐페이션	
짐	baggage 배기쥐 luggage 러기쥐	
창 쪽 좌석	window seat 윈도우 씨잇	
출발	departure 디파춰	
출신지	home nation 호움 네이션	
출입국카드	disembarkation card 디셈바케이션 카드	
탑승구	boarding gate 보딩 게잇	
탑승권	boarding pass 보딩 패스	
통로 쪽 좌석	aisle seat 아일 씻	
화장실	toilet 터일렛 rest room 레스트 룸	

숙박 Hotel

숙박 가이드

호텔을 예약할 때 Booking a Room

호텔 체크인할 때 Check in

호텔 서비스를 이용할 때
Service at the Hotel

호텔 부대시설을 이용할 때
Asking about Facilities

호텔에서 미용실을 이용할 때
Barbers & Beauty Salons

호텔에서 통신을 이용할 때
Making a Phone Call

호텔에서 문제가 생겼을 때
Problems in a Hotel

호텔 체크아웃할 때 Check out

호텔에서 쓰는 영단어

 가이드

★ 호텔에서

비싼 물건이 들어 있는 가방은 직접 휴대하고 방이 배정될 때까지 로비에서 기다린다. 귀중품 도난방지를 위해 안전금고를 이용하며, 호텔에서 또는 시내에서 한국으로의 전화통화 요령을 알아둔다.

★ 호텔방에서

각종 전자제품 및 욕실용품 등의 작동 요령을 알아둔다(특히, 전기 전압 등). 호텔의 욕실들은 일반 가정처럼 바닥에 하수구멍이 없어서 욕조 안에서 샤워를 한다. 이럴 경우는 바닥에 물이 흐르지 않도록 커튼을 이용한다. 또한 대부분의 호텔방문은 자동으로 잠기므로 잠깐 동행인이 옆방에 들르더라도 반드시 방 키를 소지해야 한다. 참고로 호텔방 베란다 문도 자동으로 잠기는 경우가 많으니 베란다에 갇혀 밤새 시멘트 바닥에서 고생하는 일이 없도록 주의하자.

팁(tip)

개인적으로 주문 또는 시설을 이용할 때 발생되는 비용의 10~15% 정도를 팁으로 추가 지불하는 것이 상례이다. 또한 현지 안내원이나 운전사에게 일정액의 팁을 줌으로써 더 적극적인 서비스를 기대할 수 있다.

숙박

★ 외출할 때

외출할 때는 인솔자나 현지 안내원에게 행선지와 연락처를 남기고, 호텔의 이름과 주소가 적혀 있는 호텔 카드나 호텔 성냥갑, 또는 명함을 소지해야 호텔로 돌아올 때 어려움을 겪지 않는다.

★ 호텔에서의 매너

호텔 복도는 바깥 거리와 똑같이 생각해야 한다. 파자마 차림으로 돌아다니거나 밤늦게 술에 취해 큰소리로 노래를 부르며 다니는 것은 삼가야 한다.

호텔을 예약할 때
Booking a Room

예약을 하고 싶은데요.

I'd like to make a reservation.

아이드 라익 투 메이커 레저베이션

• make 만들다 • reservation 예약

다른 호텔을 소개해 주시겠어요?

Could you tell me where another hotel is?

쿠쥬 텔 미 웨어 어나더 호텔 이즈?

오늘 밤, 빈방 있습니까?

Do you have any vacancies tonight?

두 유 햅 애니 베이컨시즈 투나잇?

• vacancy 결원, 공석

숙박 요금은 얼마입니까?

How much is the room charge?

하우 머치 이즈 더 룸 챠지?

• charge 요금

선불인가요?

Do you need a deposit?

두 유 니더 디파짓?

• deposit 착수금, 보증금

호텔 체크인할 때
Check in

예약은 하셨습니까?

Did you have a reservation?

디쥬 해버 레저베이션?

- have 가지다, 있다, 소유하다

예약은 한국에서 했습니다.

I made one from Korea.

아이 메이드 원 프럼 코리어

아직 예약을 하지 않았습니다.

I haven't made a reservation.

아이 해븐트 메이더 레저베이션

숙박

- reservation 예약

성함을 말씀해 주시겠어요?

May I have your name?

메아이 해뷰어 네임?

- name 이름, 성함

방을 보여 주시겠어요?

May I see the room?

메아이 씨 더 룸?

이 방으로 하겠습니다.

I'll take this room.

아일 테익 디스 룸

숙박 카드에 기입해 주십시오.

Please fill out the registration card.

플리즈 필 아웃 더 레지스트레이션 카드

• fill 채우다 • registration 등록, 신고

이게 방 열쇠입니다.

Here is your room key.

히어리즈 유어 룸 키

• key 열쇠

귀중품을 보관해 주시겠어요?

Can you keep my valuables?

캔 유 킵 마이 벨류어블즈?

• keep 유지하다 • valuables 귀중품

짐을 방까지 옮겨 주겠어요?

Could you bring my baggage?

쿠쥬 브링 마이 배기쥐?

• bring 가져오다

여기가 손님방입니다.

This is your room.

디씨즈 유어 룸

• room 방

다시 한 번 확인해 주시겠어요?

Would you check again?

우쥬 첵 어게인?

- check 살피다, 확인하다

예약을 취소하지 마세요.

Please don't cancel my reservation.

플리즈 돈트 캔쓸 마이 레저베이션

- cancel 취소하다

다른 호텔을 알아봐 주시겠습니까?

Would you refer me to another hotel?

우쥬 리풔 미 투 어나더 호텔?

- refer 말하기, 언급 • another 또 하나

호텔 서비스를 이용할 때
Service at the Hotel

숙박

룸서비스를 부탁합니다.

Room service, please.

룸 써비스, 플리즈

• service 서비스

주차 서비스는 있습니까?

Do you have valet service?

두 유 해브 벨잇 써비스?

• valet 주차원

따뜻한 마실 물이 필요한데요.

I'd like a pot of boiled water.

아이드 라이커 팟 업 보일드 워러

• boiled 끓는, 삶는

모닝콜을 부탁합니다.

I'd like a wake-up call, please.

아이드 라이커 웨이컵 콜, 플리즈

방 번호를 말씀하십시오.

Your room number, please.

유어 룸 넘버, 플리즈

한국으로 전화를 하고 싶은데요.

I'd like to make a phone call to Korea.

아이드 라익 투 메이커 폰 콜 투 코리아

- phone 전화

마사지를 부탁합니다.

I'd like a massage, please.

아이드 라이커 머사쥐, 플리즈

- massage 마사지, 안마

식당 예약 좀 해주시겠어요?

Would you make a reservation for a restaurant for me?

우쥬 메이커 레저베이션 풔러 레스터런 풔 미?

방 청소를 부탁합니다.

Please make up this room, please.
플리즈 메이컵 디쓰 룸, 플리즈

• make 만들다, 하다

〈노크하면〉 누구십니까?

Who is it?
후 이짓?

잠시 기다리세요.

Just a moment, please.
저슷터 모먼, 플리즈

• moment 잠깐, 잠시, 순간

들어오세요.

Please, come in.

플리즈, 커민

숙박

이건 팁입니다.

Here's your tip.

히얼즈 유어 팁

- tip 팁, 봉사료

꼭 부탁합니다. 잊지 마세요.

Please don't forget.

플리즈 돈트 풔겟

- forget 잊다, 잊어버리다

호텔 부대시설을 이용할 때
Asking about Facilities

식당은 어디에 있습니까?

Where is the dining room?

웨어리즈 더 다이닝 룸?

• dining 식당

식당은 몇 시까지 합니까?

How late is the dining room open?

하우 레이티즈 더 다이닝 룸 오픈?

• late 늦은

숙박

이 호텔에 테니스 코트는 있습니까?

Is there a tennis court at this hotel?

이즈 데어러 테니스 콧 앳 디스 호텔?

커피숍은 어디에 있습니까?

Where's the coffee shop?

웨얼즈 더 커피 샵?

• shop 가게, 상점

바는 언제까지 합니까?

How late is the bar room open?

하우 레이티즈 더 바 룸 오픈?

여기서 관광버스 표를 살 수 있습니까?

Can I get a ticket for the sightseeing bus here?

캔 아이 게러 티킷 풔 더 싸잇씽 버스 히얼?

세탁을 부탁합니다.

I'd like to drop off some laundry.

아이드 라익 투 드랍 옵 썸 론드리

• drop 떨어지다 • laundry 세탁

오늘밤까지 될까요?

Can I have them back by evening?

캔 아이 해브 뎀 백 바이 이브닝?

호텔에서 미용실을 이용할 때
Barbers & Beauty Salons

숙박

오늘 오후에 예약할 수 있습니까?

Can I make an appointment for the afternoon?
캔 아이 메이컨 어포인먼 풔 디 앱터눈?

(헤어스타일을) 어떻게 할까요?

How would you like your hair?
하우 우쥬 라이큐어 헤어?

• hair 머리, 털

샴푸와 세트를 부탁합니다.

Shampoo and set, please.

샴푸 앤 셋, 플리즈

• shampoo 샴푸, 세제

커트와 샴푸만 해주세요.

Haircut and shampoo, please.

헤어컷 앤 샴푸, 플리즈

• haircut 이발, 머리 깎기

커트와 면도를 부탁합니다.

Haircut and shave, please.

헤어컷 앤 쉐이브, 플리즈

• shave 면도하다, 깎다

조금만 깎아 주세요.

Just trim it, please.

저슷 트리밋, 플리즈

- trim 다듬다, 잘라내다

옆을 조금 잘라 주세요.

A little more off the sides.

어 리를 모어 오프 더 사이즈.

- side 쪽

언제 됩니까?

When will it be ready?

웬 위릿 비 뤠디?

호텔에서 통신을 이용할 때
Making a Phone Call

자, 말씀하십시오.

Go ahead, please.

고우 어헤드, 플리즈

이메일을 체크하고 싶은데요.

I want to check my e-mail.

아이 원 투 첵 마이 이메일

• want 원하다, 바라다

팩스는 있습니까?

Do you have a fax machine?

두 유 해버 팩스 머신?

- machine 기계, 기구

통화중입니다.

The line is busy.

더 라인 이즈 비지

- busy 바쁜

응답이 없습니다.

There's no answer.

데얼즈 노 앤써

- answer 대답, 해답

방에서 한국으로 전화할 수 있나요?

Can I make a call to Korea from my room?

캔 아이 메이커 콜 투 코리아 프럼 마이 룸?

한국으로 팩스를 보내고 싶은데요.

I'd like to send a fax to Korea.

아이드 라익 투 샌더 팩스 투 코리아

• send 보내다

전화요금은 얼마입니까?

How much was the charge?

하우 머치 워즈 더 챠지?

• charge 요금

우표는 어디서 살 수 있나요?

Where can I buy stamps?

웨얼 캔 아이 바이 스탬스?

- stamps 우표

한국까지 항공편으로 보내 주세요.

By airmail to Korea, please.

바이 에어메일 투 코리어, 플리즈

- airmail 항공우편

이 소포를 한국으로 보내고 싶은데요.

I'd like to send this parcel to Korea.

아이드 라익 투 샌드 디스 파쓸 투 코리어

- parcel 소포, 꾸러미

호텔에서 문제가 생겼을 때
Problems in a Hotel

열쇠가 잠겨 방에 들어갈 수 없습니다.

I locked myself out.
아이 락트 마이셀프 아웃

• lock 잠그다

열쇠를 방에 두고 나왔습니다.

I left the key in my room.
아이 랩트 더 키 인 마이 룸

방 번호를 잊어버렸습니다.

I forgot my room number.

아이 풔갓 마이 룸 넘버

• forget 잊다

복도에 이상한 사람이 있습니다.

There is a strange person in the corridor.

데어리저 스트레인쥐 퍼슨 인 더 코리더

(시끄러워서) 잠을 잘 수 없습니다.

I can't sleep.

아이 캔트 슬립

• sleep 잠자다

다른 방으로 바꿔 주시겠어요?

Could you give me a different room?

쿠쥬 깁 미 어 디퍼런 룸?

- different 다른

화장실 물이 잘 나오지 않습니다.

This toilet doesn't flush well.

디스 토일릿 더즌트 플러쉬 웰

- toilet 화장실

뜨거운 물이 나오지 않는데요.

There's no hot water.

데얼즈 노 핫 워러

수도꼭지가 고장났습니다.

The faucet is broken.
더 풔씻 이즈 브로큰

- faucet 수도꼭지
- broken 고장난

빨리 고쳐주세요.

Could you fix it now?
쿠쥬 픽싯 나우?

- fix 수리하다

물이 뜨겁지 않습니다.

The water isn't hot enough.
더 워러 이즌트 핫 이넙

- enough 필요한 만큼의

방 청소가 아직 안 되었습니다.

My room hasn't been cleaned yet.

마이 룸 해즌트 빈 클린드 옛

• clean 깨끗한

타월을 바꿔 주세요.

Can I get a new towel?

캔 아이 게러 뉴 타월?

제가 부탁한 게 아직 안 왔습니다.

I still haven't got what I asked for.

아이 스틸 해븐트 갓 워라이 애스크트 풔

• still 아직도 • ask 묻다, 물어보다

호텔 체크아웃할 때
Check out

숙박

체크아웃은 몇 시입니까?

When is check out time?
웨니즈 첵카웃 타임?

• check 확인, 점검, 살피다

하룻밤 더 묵고 싶은데요.

I'd like to stay one more night.
아이드 라익 투 스테이 원 모얼 나잇

• stay 머무르다

하루 일찍 떠나고 싶은데요.

I'd like to leave one day earlier.

아이드 라익 투 리브 원 데이 어얼리어

- earlier 이른, 조기의

오후까지 방을 쓸 수 있나요?

May I use the room till this afternoon?

메아이 유즈 더 룸 틸 디스 앱터눈?

- till 계산대

체크아웃을 하고 싶은데요.

Check out, please.

쳌카웃, 플리즈

포터를 보내 주세요.

A porter, please.

어 포터, 플리즈

- porter 짐꾼

맡긴 귀중품을 꺼내 주세요.

I'd like my valuables from the safe.

아이드 라익 마이 밸류어블즈 프럼 더 세잎

- valuables 귀중품 · safe 안전한

출발할 때까지 짐을 맡아 주시겠어요?

Could you keep my baggage until my departure time?

쿠쥬 킵 마이 배기쥐 언틸 마이 디파춰 타임?

방에 물건을 두고 나왔습니다.

I left something in my room.
아이 랩트 썸씽 인 마이 룸

• something 어떤 것, 무엇

계산을 부탁합니다.

My bill, please.
마이 빌, 플리즈

• bill 계산서, 청구서

신용카드도 됩니까?

Do you accept a credit card?
두 유 액셉터 크레딧 카드?

• accept 받아주다

전부 포함된 겁니까?

Is everything included?

이즈 애브리씽 인클루딧?

- included 포함된

계산이 틀린 것 같은데요.

I think there is a mistake on this bill.

아이 씽 데어리즈 어 미스테익 온 디스 빌.

- mistake 실수

고맙습니다. 즐겁게 보냈습니다.

Thank you. I enjoyed my stay.

땡큐. 아이 인조이드 마이 스테이

- enjoy 즐기다

호텔에서 쓰는 영단어

내선전화	interphone 인터폰
당일 서비스	same-day service 쎄임데이 써비스
룸서비스	room service 룸 써비스
모닝콜	wake-up call 웨이컵 콜
미용실	beauty salon 뷰리 썰란
방 번호	room number 룸 넘버
별관	annex 에넥스
본관	main building 메인 빌딩
비상구	emergency exit 이머전시 엑짓
빈방	vacant room 베이컨트 룸
세면도구	toilet articles 토일럿 아티클즈
세탁서비스	laundry service 런드리 써비스
수건	towel 타월
숙박	stay 스테이
숙박요금	room rate 룸 레잇
숙박카드	registration form[card] 레지스트레이션 폼[카드]
시내통화	local call 로컬 콜

식당	dining room	다이닝 룸
식사요금	restaurant charge	레스터런트 차쥐
얼음	ice cubes	아이스 큐웁스
여행자수표	traveler's check	추레벌러즈 첵
열쇠	key	키
영수증	receipt	리씨잇
예약	reservation	레절베이션
온수	hot water	핫 워터
요금	price 프라이스	rate 레잇
장거리전화	long distance call	롱 디스턴스 콜
접수	reception	리셉션
지배인	manager	매니줘
청구서	bill 빌	invoice 인보이스
체크아웃	check-out	체카웃
체크인	check-in	체킨
할인요금	reduction rate	리덕션 레잇
현관	front door	프런트 도어

PART 3

교통 Traffic

교통 가이드

길을 물을 때 Asking the Way

길을 잃었을 때 Losting Your Way

택시를 이용할 때 Taxi

버스를 이용할 때 Bus

지하철을 이용할 때 Subway

열차를 이용할 때 Train

비행기를 이용할 때 Airplane

렌터카를 이용할 때 Rent-a-car

자동차를 운전할 때 Drive

교통에서 쓰는 영단어

교통 가이드

★ 항공기

요즘은 국내는 물론 외국을 여행할 경우 가장 널리 애용되고 있는 것이 항공편이다. 요금이 부담될지 몰라도 신속하고 효율적인 수송 능력과 탁월한 서비스 기능에 의해 누구나 만족을 느끼게 된다.

★ 지하철

지하철이 종횡으로 발달되어 있는 파리, 런던, 뉴욕 같은 곳에서는 노선표만 가지고 다니면 초행길이라도 충분히 이용할 수 있다. 주로 배낭여행을 할 경우에 이용하기 편리하며 기차와 연계되는 곳도 있다.

★ 기차

안전하고 여유 있는 여행을 즐기려면 가장 낭만이 있는 수단이 철도 여행이다. 왜냐하면 요금이 싼데다가 각국의 다양한 풍경, 문화, 기후, 인종 등을 한꺼번에 누릴 수 있기 때문이다. 최근에 유럽의 여행객이 가장 널리 애용하는 교통수단이라고 한다.

★ 택시

외국을 여행할 때 초행일 경우 택시를 주로 이용하는 경향이 있는데, 시간적인 제약을 받는 경우라면 가장 손쉬운 교통수단이기는 하나 외국인 관광객에게는 팁으로 10~15달러를 요구하므로 유의해야 한다.

★ 버스

미국이나 유럽에서는 시내에서뿐만 아니라 장거리 여행에 경제적인 교통수단이 되고 있으며, 다른 나라로 연계되기도 하므로 기차와 함께 널리 애용되고 있다.

길을 물을 때
Asking the Way

저, 실례합니다!

Excuse me!

익스큐즈 미!

• excuse 용서하다, 양해하다

〈지도를 가리키며〉 여기는 어디에 있습니까?

Where are we now?

웨어라 위 나우?

• now 지금, 이제

백화점은 어디에 있습니까?

Where's the department store?

웨얼즈 더 디파러먼 스토어?

- department 부서 • store 백화점, 가게

여기는 무슨 거리입니까?

What street is this?

왓 스트리티즈 디스?

- street 거리, 도로

걸어서 몇 분 걸립니까?

How many minutes by walking?

하우 메니 미닛츠 바이 워킹?

- minutes 분

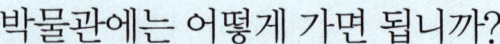

박물관에는 어떻게 가면 됩니까?

How can I get to the museum?

하우 캔 아이 겟 투 더 뮤지엄?

• museum 박물관, 미술관

역으로 가는 길을 가르쳐 주십시오.

Please tell me the way to the station.

플리즈 텔 미 더 웨이 투 더 스테이션

• station 역, 정거장

여기에서 가깝습니까?

Is it near here?

이짓 니어 히얼?

• near 가까운

거기까지 걸어서 갈 수 있습니까?

Can I walk there?

캔 아이 워크 데얼?

• walk 걷다, 걸어가다

거기까지 버스로 갈 수 있습니까?

Can I get there by bus?

캔 아이 겟 데얼 바이 버스?

거기에 가려면 택시밖에 없나요?

Is a taxi the only way to get there?

이저 택시 더 온리 웨이 투 겟 데얼?

• only 오직 • way 방법

거기까지 어느 정도 시간이 걸립니까?

How long does it take?

하우 롱 더짓 테익?

이 주위에 지하철역이 있습니까?

Is there a subway station around here?

이즈 데어러 섭웨이 스테이션 어롸운 히얼?

- subway 지하철 - around 주위에

지도에 표시해 주시겠습니까?

Would you mark it, please?

우쥬 마킷, 플리즈?

- mark 표시, 자국

길을 잃었을 때
Losting Your Way

길을 잃었습니다.

I got lost on my way.
아이 갓 로슷 온 마이 웨이

• lost 잃어버린

어디에 갑니까?

Where are you going?
웨어라 유 고잉?

코리아타운에 가는 길입니다.

We're going to Korea Town.

위어 고잉 투 코리어 타운

친절하게 해 주셔서 감사합니다.

It's very kind of you. Thank you.

잇츠 베리 카인더뷰. 땡큐

• kind 친절한

미안합니다. 잘 모르겠습니다.

I'm sorry. I don't know.

아임 쏘리. 아이 돈트 노우

다른 사람에게 물어보십시오.

Please ask someone else.

플리즈 애슥 썸원 엘스

- someone 어떤 사람 · else 또 다른

지도를 가지고 있습니까?

Do you have a map?

두 유 해버 맵?

길을 좀 가르쳐 주십시오.

Could you show me the way?

큐쥬 쇼 미 더 웨이

택시를 이용할 때
Taxi

택시를 불러 주시겠습니까?

Could you call a taxi for me, please?

쿠쥬 콜 어 택시 풔 미, 플리즈?

택시 승강장은 어디에 있습니까?

Where's the taxi stand?

웨얼즈 더 택시 스탠드?

• stand 서다, 서 있다

어디서 택시를 탈 수 있습니까?

Where can I get a taxi?
웨얼 캔 아이 게러 택시?

교통

어디서 기다리면 됩니까?

Where should we wait?
웨얼 슈드 위 웨잇?

- wait 기다리다

택시!

Taxi!
택시!

우리들 모두 탈 수 있습니까?

Can we all get in the car?

캔 위 올 게린 더 카?

트렁크를 열어 주시겠어요?

Would you open the trunk?

우쥬 오픈 더 트렁크?

• trunk (옷, 책 등을 담는) 가방

〈주소를 보이며〉 이 주소로 가 주세요.

Take me to this address, please.

테익 미 투 디스 어드레스, 플리즈

• address 주소

서둘러 주시겠어요?

Could you please hurry?
쿠쥬 플리즈 허리?

• hurry 서두르다

가장 가까운 길로 가주세요.

Take the shortest way, please.
테익 더 숏티스트 웨이, 플리즈

• short 짧은

여기서 세워 주세요.

Stop here, please.
스탑 히얼, 플리즈

여기서 기다려 주시겠어요?

Would you wait for me here?

우쥬 웨잇 풔 미 히얼?

얼마입니까?

How much is it?

하우 머치 이짓?

거스름돈은 됐습니다.

Keep the change.

킵 더 체인지

• keep 가지고 있다

버스를 이용할 때
Bus

어디서 버스 노선도를 얻을 수 있습니까?

Where can I get a bus route map?
웨얼 캔 아이 게러 버스 루트 맵?

표는 어디서 살 수 있습니까?

Where can I get a ticket?
웨얼 캔 아이 게러 티킷?

어느 버스를 타면 됩니까?

Which bus do I get on?
위치 버스 두 아이 게론?

갈아타야 합니까?

Do I have to transfer?
두 아이 해브 투 트랜스퍼?

• transfer 옮기다, 이동하다

여기서 내려요.

I'll get off here.
아윌 겟 오프 히얼

버스 터미널은 어디에 있습니까?

Where is the depot?

웨어리즈 더 디포우?

• depot 역, 정류장

매표소는 어디에 있습니까?

Where is the ticket office?

웨어리즈 더 티킷 어퓌스?

• office 근무처, 사무실

돌아오는 버스는 어디서 탑니까?

Where is the bus stop for going back?

웨어리즈 더 버스탑 풔 고잉 백?

거기에 가는 직행버스는 있나요?

Is there any bus that goes there directly?

이즈 데어래니 버스 댓 고우즈 데얼 다이렉틀리?

도착하면 알려 주세요.

Tell me when we arrive there.

텔 미 웬 위 어라이브 데얼

- arrive 도착하다

라스베가스를 방문하는 투어는 있습니까?

Do you have a tour to Las Vegas?

두 유 해버 투어 투 라스 베이거스?

버스는 어디서 기다립니까?

Where do we meet again?

웨얼 두 위 밋 어게인?

- again 한 번 더, 다시

몇 시에 돌아옵니까?

What time are we returning?

왓 타임 아 위 리터닝?

- returning 돌아오다(가다)

호텔까지 데리러 옵니까?

Will you pick us up at the hotel?

윌 유 픽커스 업 앳 더 호텔?

지하철을 이용할 때
Subway

지하철 노선도를 주시겠습니까?

May I have a subway map?

메아이 해버 섭웨이 맵?

• subway 지하철

이 근처에 지하철역이 있습니까?

Is the subway station near here?

이즈 더 섭웨이 스테이션 니어 히얼?

• station 역, 정류장

표는 어디서 삽니까?

Where can I buy a ticket?

웨얼 캔 아이 바이 어 티킷?

- buy 사다

자동매표기는 어디에 있습니까?

Where is the ticket machine?

웨어리즈 더 티킷 머쉰?

- machine 기계

어디서 갈아탑니까?

Where should I change trains?

웨얼 슈다이 체인쥐 트레인스?

- train 기차, 열차

이건 남부역에 갑니까?

Is this for South station?

이즈 디스 풔 싸우스 스테이션?

• south 남부, 남쪽

북부역은 몇 번째입니까?

How many stops are there to North station?

하우 메니 스탑스 아 데얼 투 노쓰 스테이션?

다음은 어디입니까?

What's the next station?

왓츠 더 넥 스테이션?

• next 다음

이 지하철은 동부역에 섭니까?

Does this train stop at East station?

더즈 디스 트레인 스탑 앳 이슷 스테이션?

- train 기차, 열차 • east 동부, 동쪽

이 노선의 종점은 어디입니까?

Where's the end of this line?

웨얼즈 디 엔덥 디스 라인?

지금 어디 근처입니까?

Where are we now?

웨어라 위 나우?

다음은 센트럴 역입니까?

Is the next stop Central Station?

이즈 더 넥 스탑 센트럴 스테이션?

표를 잃어버렸습니다.

I lost my ticket.

아이 로슷 마이 티켓

• lost 잃어버린, 길을 잃은

지하철에 가방을 두고 내렸습니다.

I left my bag in a subway.

아이 랩트 마이 백 이너 섭웨이

열차를 이용할 때
Train

매표소는 어디에 있습니까?

Where's the ticket window?

웨얼즈 더 티킷 윈도우?

• window 창문, 창

로스앤젤레스까지 편도 주세요.

A single to Los Angles, please.

어 씽글 투 로샌절리스, 플리즈

• single 단 하나의, 단일의

예약 창구는 어디입니까?

Which window can I reserve a seat at?
위치 윈도우 캔 아이 리절버 씨랫?

- reserve 예약

더 이른 열차는 있습니까?

Do you have an earlier train?
두 유 해번 얼리어 트레인?

- earlier 이른, 조기의

더 늦은 열차는 있습니까?

Do you have a later train?
두 유 해버 래이러 트레인?

- later 나중에, 뒤에

〈표를 보여주며〉 이 열차 맞습니까?

Is this my train?
이즈 디스 마이 트레인?

이 열차는 예정대로 출발합니까?

Is this train on schedule?
이즈 디스 트레인 온 스케쥴?

- schedule 일정

거기는 제 자리입니다.

That's my seat.
댓츠 마이 씻

- seat 좌석, 자리

이 자리는 비어 있나요?

Is this seat taken?
이즈 디스 씻 테이큰?

창문을 열어도 됩니까?

May I open the window?
메아이 오픈 더 윈도우?

• open 열다

식당차는 어디에 있습니까?

Where's the dining car?
웨얼즈 더 다이닝 카?

• dining 식사, 정찬

〈국경을 통과할 때〉 여권을 보여 주십시오.

May I see your passport?

메아이 씨 유어 패스폿?

• passport 여권

여기는 무슨 역입니까?

What station is this?

왓 스테이션 이즈 디스?

• station 역, 정거장

다음 역은 무슨 역입니까?

What's the next station?

왓츠 더 넥슷 스테이션?

비행기를 이용할 때
Airplane

비행기 예약을 부탁합니다.

I'd like to reserve a flight.

아이드 라익 투 리절버 플라잇

• flight 여행, 비행, 항공편

성함과 편명을 말씀해 주시겠어요?

What's your name and flight number?

왓츄어 네임 앤 플라잇 넘버?

일찍 가는 비행기로 부탁합니다.

I'd like an earlier flight.
아이드 라이컨 얼리어 플라잇

• earlier 이른, 조기의

늦게 가는 비행기로 부탁합니다.

I'd like a later flight.
아이드 라이커 래이러 플라잇

유나이티드 항공 카운터는 어디입니까?

Where's the United Airlines counter?
웨얼즈 더 유나이티드 에얼라인즈 카운터?

• counter 계산대, 판매대

항공권은 가지고 계십니까?

Do you have a ticket?

두 유 해버 티킷?

- have 가지다, 있다, 소유하다

이 짐은 기내로 가지고 갑니다.

This is a carry-on bag.

디씨즈 어 캐리-온 백

- carry on 가지고 들어가다

요금은 어떻게 됩니까?

What's the fare?

왓츠 더 페어?

- fare 요금

몇 번 출구로 나가면 됩니까?

Which gate should I go to?
위치 게잇 슈다이 고우 투?

교통

• gate 문, 정문

비행은 예정대로 출발합니까?

Is the flight on time?
이즈 더 플라잇 온 타임?

탑승이 시작되었나요?

Has boarding begun?
해즈 보딩 비건?

렌터카를 이용할 때
Rent-a-car

〈공항에서〉 렌터카 카운터는 어디에 있습니까?

Where's the rent a car counter?

웨얼즈 더 렌터 카 카우너?

어느 정도 운전할 예정이십니까?

How long will you need it?

하우 롱 윌 유 니드 잇?

차를 3일간 빌리고 싶습니다.

I'd like to rent a car for three days.

아이드 라익 투 렌터 카 풔 쓰리 데이즈

이것이 제 국제운전면허증입니다.

Here's my international driver's license.

히얼즈 마이 이너내이셔널 드라이벌즈 라인선스

어떤 차가 있습니까?

What kind of cars do you have?

왓 카인 업 칼즈 두 유 해브?

렌터카 목록을 보여 주시겠어요?

Can I see your rent a car list?

캔 아이 씨 유어 렌터 카 리슷?

• list 리스트, 목록

어떤 타입의 차가 좋으십니까?

What type of car would you like?

왓 타입 업 칼 우쥬 라익?

중형차를 빌리고 싶은데요.

I'd like a mid-size car.

아이드 라이커 미드 싸이즈 카

오토매틱밖에 운전하지 못합니다.

I can only drive an automatic.
아이 캔 오운리 드라이번 오러매릭

- drive 운전하다

선불이 필요합니까?

Do I need a deposit?
두 아이 니더 디파짓?

- deposit 착수금, 예치금, 보증금

보증금은 얼마입니까?

How much is the deposit?
하우 머치즈 더 디파짓?

1주간 요금은 얼마입니까?

What's the rate per week?

왓츠 더 레잇 퍼 윅?

• week 일주일

특별요금은 있습니까?

Do you have any special rates?

두 유 해버니 스페셜 레이츠?

• special 특별한

그 요금에 보험은 포함되어 있습니까?

Does the price include insurance?

더즈 더 프라이스 인클룻 인슈어런스?

• include 포함하다 • insurance 보험

자동차를 운전할 때
Drive

교통

도로 지도를 주시겠습니까?

Can I have a road map?

캔 아이 해버 로드 맵?

• road 도로, 길

긴급 연락처를 알려 주시겠어요?

Where should I call in case of an emergency?

웨얼 슈다이 콜인 케이섭 언 이멀전시?

샌디에이고는 어느 길로 가면 됩니까?

Which way to San Diego?

위치 웨이 투 샌디에이고?

곧장입니까, 아니면 왼쪽입니까?

Straight? Or to the left?

스트레잇, 오얼 투 더 랩트?

• straight 곧장, 똑바로

차로 디즈니랜드는 어느 정도 걸립니까?

How far is it to Disneyland by car?

하우 퐈 이짓 투 디즈니랜드 바이 카?

가장 가까운 교차로는 어디입니까?

What's the nearest intersection?

왓츠 더 니어리슷 인터섹션?

• nearest 가장 가까운 • intersection 교차로

이 근처에 주유소가 있습니까?

Is there a gas station near by?

이즈 데어러 개스테이션 니얼 바이?

• gas 기체, 가스

가득 넣어 주세요.

Fill it up, please.

필리럽, 플리즈

• fill 가득 채우다

여기에 주차해도 됩니까?

Can I park my car here?

캔 아이 팍 마이 카 히얼?

- park 주차하다

배터리가 떨어졌습니다.

The battery is dead.

더 배터리 이즈 데드

- battery 건전지 • dead 작동을 안 하는

펑크가 났습니다.

I got a flat tire.

아이 가러 플랫 타이어

- flat 펑크 난

시동이 걸리지 않습니다.

I can't start the engine.
아이 캔트 스탓 디 엔진

• engine 엔진, 기관차

브레이크가 잘 안 듣습니다.

The brakes don't work properly.
더 브레익스 돈트 워크 프라퍼리

• properly 제대로, 적절히

고칠 수 있습니까?

Can you repair it?
캔 유 리페어릿?

• repair 수리하다

교통에서 쓰는 영단어

개찰구	wicket 위킷 gate 게잇
거스름돈	change 췌인쥐
고속도로	express way 익스프레스 웨이
고장	trouble 트러블 breakdown 브레익다운
교차로	crossing 크라씽 intersection 인터섹션
교통사고	traffic accident 트래픽 액써던트
국도	national road 내셔널 로드
국제운전면허증	International Driving Permit 인터내셔널 드라이빙 퍼밋
금연석	non-smoking seat 난스모우킹 씨잇
기차역	railroad station 레일로드 스테이션
노선	route 루웃
도로표지	street sign 스트릿 싸인
매표소	ticket counter 티킷 카운터
버스요금	bus fare 버스 페어
버스정류장	bus stop 버스탑
버스터미널	bus depot 버스 디포우 bus terminal 버스 터미늘
빈 좌석	vacant seat 베이컨트 씻

승차권, 입장권	ticket 티킷	
신호등	blinker 블링커 traffic light 트래픽 라잇	
야간열차	night train 나잇 트레인	
요금	fare 페어 rate 레잇 charge 차쥐 fee 피 toll 톨	
운전면허증	driver's license 드라이버즈 라이선스	
인도	sidewalk 싸잇웍 pavement 페이브먼트	
주유소	gas station 개스테이션	
주차장	parking lot 파킹 랏	
지하철	subway 썹웨이	
직행버스	not-stop[direct] bus 낫스탑[다이렉트] 버스	
차도	drive 드라이브	
택시승강장	taxi stand 택씨 스탠드	
택시요금	taxi fare 택씨 페어	
편도요금	single fare 씽글 페어	
할인요금	reduced fare 리듀스트 페어	
할증요금	extra charge 엑스트러 차쥐	
횡단보도	pedestrian crossing 피데스트리언 크라씽	

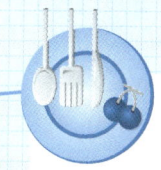

식사 Meal

식사 가이드

식당을 찾을 때 Looking for the Restaurant

식당을 예약할 때 Making a Restaurant

식당에 들어섰을 때 Being Seated

식사를 주문할 때 Ordering Meals

식사할 때 During the Meal

술과 음료를 마실 때 Drinking

식당에서 문제가 생겼을 때
Problems at a Restaurant

패스트푸드점을 이용할 때
In a Fast-food Restaurant

식비를 계산할 때 Paying the Bill

식당에서 쓰는 영단어

 **가이드**

★ 식당에 들어가서
식당에 들어섰을 때에는 빈자리가 있다 하더라도 기다렸다가 웨이터의 안내를 받아 자리에 앉아야 한다. 코트를 입고 있었다면 벗어서 웨이터에게 맡기고 웨이터가 표를 주면 보관하였다가 나올 때 찾으면 된다. 의자에 앉을 때에는 여성이 먼저 앉도록 도와주며, 식탁 위에 핸드백을 올려놓지 않도록 한다.

★ 주문하기
메뉴는 천천히 훑어본 후 주문하고, 음식에 대해 잘 모를 경우 웨이터에게 물어보고 결정하도록 한다.

★ 식사 예절
음식이 나오기 전에 테이블 위의 냅킨을 무릎에 올려놓고 음식을 기다린다. 식사는 천천히 대화를 나누면서 하되, 큰 소리로 떠들지 않도록 한다. 또한 먹는 소리나 그릇 소리를 내는 것도 실례가 되므로 유의하도록 하고, 그릇을 손에 들고 큰 행동을 하며 이야기하지 않도록 한다. 식사 중 음료를 마시기 위해서라든지 잠시 쉴 경우는 나이프와 포크를 접시 양쪽에 걸쳐놓도록 하고, 식사가 끝나면 합쳐서 접시 위에 놓도록 한다. 포크나 나이프를 떨어뜨렸을 경우에는 스스로 집지 말고 웨이터에게 말하여 가져다주는 새 것을 쓰도록 한다.

★ 음식을 먹을 때

빵은 왼쪽에 놓여 있는 것이 자기 것이고, 빵을 먹을 때에는 손으로 조금씩 떼어서 버터나 잼을 발라서 먹도록 한다. 그리고 식탁 위에 놓여져 있는 소금, 후추 등의 조미료를 집으려 할 때, 멀리 놓여져 있다면 옆사람에게 부탁하도록 한다. 메인 디쉬가 끝날 때까지 담배는 피우지 않는 것이 예의이다. 와인이나 맥주 등을 따를 때에는 잔을 테이블에 놓은 채 따라야 하고, 잔을 주고받는 것은 예의에 어긋나는 행동이다. 또한 건배용 샴페인은 술을 못 마시는 사람이라도 사양하지 말고 받아두는 것이 예의이다.

식당을 찾을 때
Looking for the Restaurant

이곳에 한국 식당은 있습니까?

Do you have a Korean restaurant?

두 유 해버 코리언 레스터런?

• restaurant 식당, 레스토랑

이 지방의 명물요리를 먹고 싶은데요.

I'd like to have a some local food.

아이드 라익 투 해버 썸 로컬 풋

• local 지역의, 현지의

인기 있는 음식점을 추천해 주세요.

Could you recommend a popular restaurant?

쿠쥬 리커멘더 파퓰러 레스터런?

가볍게 식사를 하고 싶은데요.

I'd like to have a light meal.

아이드 라익 투 해버 라잇 밀

- meal 식사

걸어서 갈 수 있습니까?

Can I get there on foot?

캔 아이 겟 데어론 풋?

식당을 예약할 때
Making a Restaurant

식당이 많은 곳은 어디입니까?

Where is the main area for restaurants?

웨어리즈 더 메인 에어리어 풔 레스터런츠?

- main 가장 큰, 주된

예약이 필요한가요?

Do we need a reservation?

두 위 니더 레저베이션?

- reservation 예약

여기서 예약할 수 있나요?

Can we make a reservation here?

캔 위 메이커 레저베이션 히얼?

오늘밤 예약하고 싶은데요.

I'd like to make a reservation for tonight.

아이드 라익 투 메이커 레저베이션 풔 투나잇

· tonight 오늘 밤

손님은 몇 분이십니까?

How large is your party?

하우 라쥐 이쥬어 파리?

· party 단체

몇 시부터 엽니까?

What time does it open?

왓 타임 더짓 오픈?

오후 6시 반에 5명이 갑니다.

Five people at 6:30 p.m.

파이브 피플 앳 식스 써리 피엠

- people 사람들, 국민

전원 같은 자리로 주세요.

We'd like to have a table together.

위드 라익 투 해버 테이블 투게더

- table 식탁

식당에 들어섰을 때
Being Seated

안녕하세요. 예약은 하셨습니까?

Good evening. Do you have a reservation?

굿 이브닝. 두 유 해버 레저베이션?

6시에 예약한 홍길동입니다.

My name is Kil-dong Hong.
I have a reservation at six.

마이 네임 이즈 길동 홍. 아이 해버 레저베이션 앳 식쓰

예약을 하지 않았습니다.

We don't have a reservation.
위 돈트 해버 레저베이션

7시에 예약했습니다.

I have a reservation at seven.
아이 해버 레저베이션 앳 쎄븐

몇 분이십니까?

How many in your party?
하우 메니 인 유어 파리?

• many 몇, 많은

안내해 드릴 때까지 기다려 주십시오.

Please wait to be seated.

플리즈 웨잇 투 비 씨티드

몇 시에 자리가 납니까?

What time can we reserve a table?

왓 타임 캔 위 리절버 테이블?

금연[흡연]석으로 부탁합니다.

We'd like a non-smoking[smoking] table.

위드 라이커 난-스모킹[스모킹] 테이블

식사를 주문할 때
Ordering Meals

메뉴 좀 보여 주세요.

May I see the menu?

메아이 씨 더 메뉴?

한국어 메뉴는 있습니까?

Do you have a menu in Korean?

두 유 해버 메뉴 인 코리언?

주문하시겠습니까?

Are you ready to order?
아 유 래디 투 오더?

식사

잠깐 기다려 주세요.

We need a little more time.
위 니더 리를 모어 타임

- little 잠깐, 작은

나중에 다시 오실래요?

Could you come back later?
쿠쥬 컴 백 래이러?

- later 나중에, 뒤에

주문받으세요.

We are ready to order.
위 아 래디 투 오더

〈메뉴를 가리키며〉 이것으로 부탁합니다.

I'll take this one.
아일 테익 디스 원

이것은 무슨 요리입니까?

What kind of dish is this?
왓 카인넙 디쉬즈 디스?

• dish 요리

오늘 특별 요리는 무엇입니까?

Do you have today's special?
두 유 해브 투데이즈 스페셜?

- special 특별한

〈메뉴를 가리키며〉 이것과 이것으로 주세요.

This and this, please.
디스 앤 디스, 플리즈

저도 같은 것으로 주세요.

I'll have the same.
아일 해브 더 세임

- same 같은, 동일한

빨리 되는 것이 있습니까?

Do you have anything ready quickly?
두 유 해브 애니씽 래디 퀴클리?

• quickly 빨리

저것과 같은 요리를 주시겠어요?

Can I have the same dish as that?
캔 아이 해브 더 세임 디쉬 애즈 댓?

다른 주문은 없으십니까?

Anything else?
애니씽 엘스?

• else 다른

식사할 때
During the Meal

이건 어떻게 먹으면 됩니까?

How do I eat this?
하우 두 아이 잇 디스?

- eat 먹다, 식사하다

이 고기는 무엇입니까?

What kind of meat is this?
왓 카인 업 밋 이즈 디스?

- meat 고기

맛이 어떻습니까?

How does it taste?

하우 더짓 테이슷?

- taste 맛

빵을 좀 더 주실래요?

Can I have more bread?

캔 아이 해브 모어 브레드?

- bread 빵

물 한 잔 주세요.

I'd like a glass of water, please.

아이드 라이커 글래스 업 워러, 플리즈

- glass 잔 · water 물

나이프[포크]를 떨어뜨렸습니다.

I dropped my knife[fork].

아이 드랍트 마이 나이프[포크]

- drop 떨어뜨리다

~을 추가로 부탁합니다.

I'd like to order some more ~.

아이드 라익 투 오더 썸 모어 ~

혹시 젓가락 있나요?

May I have chopsticks?

메이 아이 해브 찹스틱스?

술과 음료를 마실 때
Drinking

이 요리에는 어느 와인이 맞습니까?

Which wine goes with this dish?

위치 와인 고우즈 윗 디스 디쉬?

• dish 요리

글라스로 주문됩니까?

Can I order it by the glass?

캔 아이 오더릿 바이 더 글래스?

생맥주는 있습니까?

Do you have a draft beer?

두 유 해버 드랩트 비어?

• draft 초안

이 지방의 독특한 술입니까?

Is it a local alcohol?

이짓 어 로우컬 앨커홀?

• alcohol 술

어떤 맥주가 있습니까?

What kind of beer do you have?

왓 카인 업 비어 두 유 해브?

〈웨이터〉 음료는 어떻게 하시겠습니까?

Anything to drink?

애니씽 투 드링?

• drink 음료, 마실 것

물만 주시겠어요?

Can I just have water, please?

캔 아이 저슷 해브 워러, 플리즈?

• just 단지, 오직

무슨 먹을 것은 없습니까?

Do you have something to eat?

두 유 해브 썸씽 투 잇?

• something 어떤 것, 무엇

이건 어떤 술입니까?

What kind of alcohol is it?
왓 카인 업 앨커홀 이짓?

맥주가 별로 차갑지 않네요.

The beer isn't cool enough.
더 비어 이즌트 쿨 이넙

• enough 필요한 만큼

건배!

Cheers!
치얼즈!

한 잔 더 주세요.

Another one, please.

어나더 원, 플리즈

- another 또 하나, 더

한 병 더 주세요.

May I have another one?

메아이 해브 어나더 원?

생수 좀 주세요.

I'll have a mineral water.

아윌 해버 미너럴 워러

- mineral 무기물

식당에서 문제가 생겼을 때
Problems at a Restaurant

식사

주문한 게 아직 안 나왔습니다.

My order hasn't come yet.
마이 오더 해즌트 컴 옛

조금 서둘러 주겠어요?

Would you rush my order?
우쥬 러쉬 마이 오더?

• rush 서두르다

주문을 취소하고 싶은데요.

I want to cancel my order.
아이 원 투 캔슬 마이 오더

- cancel 취소하다 • order 주문

주문을 바꿔도 됩니까?

Can I change my order?
캔 아이 체인쥐 마이 오더?

- change 바꾸다

이건 주문하지 않았는데요.

I don't think I ordered this.
아이 돈ㅌ 씽카이 오더드 디스

새 것으로 바꿔 주세요.

Please change this for new one.

플리즈 체인쥐 디스 풔 뉴 원

수프에 뭐가 들어 있습니다.

There's something in the soup.

데얼즈 썸씽 인 더 숩

• something 어떤 것, 무엇

지배인과 이야기할 수 있습니까?

Can I talk with your manager?

캔 아이 테억윗 유어 매니줘?

패스트푸드점을 이용할 때
In a Fast-food Restaurant

이 근처에 패스트푸드점은 있습니까?

Is there a fastfood store around here?

이즈 데어러 패슷 푸드 스토얼 어롸운 히얼?

- around 근처에

햄버거하고 커피 주시겠어요?

Can I have a hamburger and a coffee, please?

캔 아이 해버 햄버거 앤더 커피, 플리즈?

어느 사이즈로 하시겠습니까?

Which size would you like?
위치 싸이즈 우쥬 라익?

이것을 주세요.

I'll try it.
아윌 트라이 잇

• try 시도

여기서 드시겠습니까, 아니면 가지고 가실 겁니까?

For here or to go?
풔 히얼 오얼 투 고우?

여기서 먹겠습니다.

I'll eat here.
아윌 잇 히얼

• eat 먹다

가지고 갈 거예요.

To go[Take out], please.
투 고[테이카웃], 플리즈

이 자리에 앉아도 됩니까?

Can I take this seat?
캔 아이 테익 디스 씻?

식비를 계산할 때
Paying the Bill

식 사

어디서 지불하나요?

Where shall I pay the bill?
웨얼 쉘 아이 페이 더 빌?

• pay 지불하다 • bill 계산서

따로따로 지불하고 싶은데요.

Separate checks, please.
세퍼레잇 첵스, 플리즈

• separate 분리된

계산해 주세요.

Check, please.
첵, 플리즈

• check 확인, 점검

제가 모두 내겠습니다.

I'll take care of the bill.
아일 테익 케어럽 더 빌

신용카드도 받나요?

Do you accept credit cards?
두 유 엑셉 크레딧 카즈?

• accept 받아들이다

이 요금은 무엇입니까?

What's this charge for?

왓츠 디스 챠지 풔?

- charge 요금

계산이 틀린 것 같습니다.

I'm afraid the check is wrong.

아임 어프레이드 더 첵키즈 렁

- afraid 걱정하는

전부 얼마입니까?

How much is the total?

하우 머취 이즈 더 토러어?

식당에서 쓰는 영단어

감자	potato 퍼테이로우
나이프	knife 나이프
냅킨	napkin 냅킨
닭고기	chicken 치킨
돼지고기	pork 포크
쇠고기	beef 비프
메뉴	menu 메뉴
밥, 쌀	rice 라이스
샐러리	celery 쌜러리
설탕	sugar 슈거
선택	choice 초이스
소금	salt 쏠트
스푼	spoon 스푼
식사	meal 밀
아침 겸 점심식사	brunch 브런취
아침식사	breakfast 브렉퍼스트
야채수프	vegetable soup 베지터블 수웁

예약석	reserved table	리절브드 테이블
요리	cuisine 퀴진 dish 디쉬	
자리요금	cover charge	커버 차쥐
잔	cup	컵
재떨이	ashtray	애쉬트레이
저녁식사	dinner	디너
점심식사	lunch	런취
접시	plate	플레잇
젓가락	chopsticks	찹스틱스
정식	table d'hote 타벌 도우트 set menu 셋 메뉴	
주문	order	오더
카운터	counter	카운터
포크	fork	포크
커피	coffee	커피
칵테일	cocktail	칵테일
차	tea	티이
후추	pepper	페퍼

PART 5

관광 Sightseeing

관광 가이드

관광안내소에서
Tourist Information Center

투어를 이용할 때 Tour

관광할 때 Sightseeing

관람할 때 Viewing

기념사진을 찍을 때
Taking Photos

오락을 즐길 때
Pastimes

스포츠를 즐길 때
Sports

관광 · 스포츠에서 쓰는 영단어

 가이드

★ **관광을 나서기 전에**

관광을 하기 전에 우선 현지의 호텔이나 관광 안내소 등에 놓여 있는 그 도시에 관한 지도와 시내 지도를 입수하는 게 좋다. 이 지도에는 보통 관광 요령과 관광 명소 등이 수록되어 있으므로 자신에게 흥미 있는 곳을 체크해 두고 한정된 체류 기간 안에 어떻게 효율적으로 볼 것인가를 생각한다. 시간이 별로 없을 경우에는 우선 관광버스를 타고 돌면서 대충의 윤곽과 물정을 익힌 뒤 자기 마음에 드는 곳을 중점적으로 돌아보는 것도 하나의 방법이다.

그저 막연히 거리를 쏘다녀 보는 것도 한 가지 방법이 겠지만, 취미나 목적에 따라 계획을 세워보는 것도 즐거운 여행이 될 것이다.

★ **여행을 안전하게 하려면?**

해외여행은 기후, 시차 및 식사 등의 갑작스러운 변화로 쉽게 피로해져 질병에 감염되기 쉽고, 교통수단 등의 환경 변화로 인한 예측 불허의 사고 요인을 만날 수 있다. 또한 출국 전에 건강 상태를 체크하여 미심쩍은 점은 미리 완전히 치료를 끝마쳐 두어야 한다. 서구의 의료 제도는 거의 분업제로서 병원은 완전 예약제이며, 약국에서 살 수 있는 약은 간단한 외용, 복통, 감기약 등이 있고, 항생제 등은 의사의 처방전이 없으면 구입할 수 없다. 그러므로 여행을 떠날 때 비상약인 위장약, 감기약, 진통제 등은 가지고 가는 것이 좋다.

관광안내소에서
Tourist Information Center

관광안내소는 어디에 있습니까?

Where is the tourist information office?

웨어리즈 더 투어리슷 인풔메이션 어퓌스?

- tourist 관광객
- information 정보

이 도시의 관광안내 팸플릿이 있습니까?

Do you have a sightseeing brochure for this town?

두 유 해버 싸잇씽 브로슈어 풔 디스 타운?

무료 시내지도는 있습니까?

Do you have a free city map?

두 유 해버 프리 씨티 맵?

• free 자유로운

관광지도를 주시겠어요?

Can I have a sightseeing map?

캔 아이 해버 싸잇씽 맵?

여기서 볼 만한 곳을 가르쳐 주시겠어요?

Could you recommend some interesting places?

쿠쥬 레커멘드 썸 인터리스팅 플레이시즈?

당일치기로 어디에 갈 수 있습니까?

Where can I go for a day trip?

웨얼 캔 아이 고우 풔러 데이 트립?

경치가 좋은 곳을 아십니까?

Do you know a place with a nice view?

두 유 노우 어 플레이스 위더 나이스 뷰?

• place 장소 • view 경관

여기서 표를 살 수 있습니까?

Can I buy a ticket here?

캔 아이 바이 어 티킷 히얼?

할인 티켓은 있나요?

Do you have some discount tickets?

두 유 해브 썸 디스카운 티켓츠?

• discount 할인

지금 축제는 하고 있나요?

Are there any festivals now?

아 데어래니 페스티벌스 나우?

• festivals 축제

여기서 멉니까?

Is it far from here?

이짓 퐈 프럼 히얼?

• far 멀리

여기서 걸어갈 수 있습니까?

Can I walk down there?

캔 아이 웍 다운 데얼?

왕복으로 어느 정도 시간이 걸립니까?

How long does it take to get there and back?

하우 롱 더짓 테익 투 겟 데얼 앤 백?

버스로 갈 수 있습니까?

Can I go there by bus?

캔 아이 고우 데얼 바이 버스?

투어를 이용할 때
Tour

어떤 투어가 있습니까?

What kind of tours do you have?
왓 카인덥 투얼즈 두 유 해브?

• tours 여행

투어는 매일 있습니까?

Do you have tours every day?
두 유 해브 투얼즈 애브리 데이?

야간관광은 있습니까?

Do you have a night tour?

두 유 해버 나잇 투얼?

투어는 몇 시간 걸립니까?

How long does it take to complete the tour?

하우 롱 더짓 테익 투 컴플릿 더 투얼?

몇 시에 출발합니까?

What time do you leave?

왓 타임 두 유 리브?

- leave 떠나다

어디서 출발합니까?

Where does it start?

웨얼 더짓 스탓?

한국어 가이드는 있나요?

Do we have Korean-speaking guide?

두 위 해브 코리언-스피킹 가이드?

• guide 안내

여기에서 관광여행을 신청할 수 있습니까?

Can I sign up for the sightseeing tour?

캔 아이 싸이넙 풔 더 싸잇씽 투어

관광할 때
Sightseeing

여기서 얼마나 머뭅니까?

How long do we stop here?

하우 롱 두 위 스탑 히얼?

몇 시에 버스로 돌아오면 됩니까?

By what time should I be back to the bus?

바이 왓 타임 슈다이 비 백 투 더 버스?

저것은 무엇입니까?

What is that?

와리즈 댓?

저 건물은 무엇입니까?

What is that building?

와리즈 댓 빌딩?

- building 건물

누가 살았습니까?

Who lived here?

후 리브드 히얼?

- live 살다, 거주하다

언제 세워졌습니까?

When was it built?

웬 워짓 빌트?

퍼레이드는 언제 있습니까?

What time do you have the parade?

왓 타임 두 유 해브 더 퍼레이드?

• parade 가두행진

벼룩시장 같은 것은 있나요?

Is there a flea market or something?

이즈 데어러 흘리 마켓 오어 썸씽?

관람할 때
Viewing

티켓은 어디서 삽니까?

Where can I buy a ticket?
웨얼 캔 아이 바이어 티켓?

입장료는 얼마입니까?

How much is the admission fee?
하우 머치즈 더 애드미션 피?

- admission 입장 • fee 수수료

단체할인은 있습니까?

Do you have a group discount?

두 유 해버 그룹 디스카운?

이 티켓으로 모든 전시를 볼 수 있습니까?

Can I see everything with this ticket?

캔 아이 씨 애브리씽 위디스 티킷?

무료 팸플릿은 있습니까?

Do you have a free brochure?

두 유 해버 프리 브로슈어?

• brochure 책자

짐을 맡아 주세요.

I'd like to check this baggage.
아이드 라익 투 첵 디스 배기쥐

관내를 안내할 가이드는 있습니까?

Is there anyone who can guide me?
이즈 데어래니원 후 캔 가이드 미?

• anyone 누구, 아무

이 그림은 누가 그렸습니까?

Who painted this picture?
후 페인팃 디스 픽춰?

• painted 색칠한 • picture 그림, 사진

그 박물관은 오늘 엽니까?

Is the museum open today?
이즈 더 뮤지엄 오픈 투데이?

• museum 박물관, 미술관

재입관할 수 있습니까?

Can I reenter?
캔 아이 리엔터?

• reenter ~에 다시 들어가다

내부를 견학할 수 있습니까?

Can I take a look inside?
캔 아이 테이커 룩 인사이드?

• inside ~안에

오늘밤에는 무엇을 상영합니까?

What's on tonight?

왓촌 투나잇?

오늘 표는 아직 있습니까?

Are today's tickets still available?

아 투데이즈 티키츠 스틸 어뷔일러블?

• still 아직 • available 구할 수 있는

몇 시에 시작됩니까?

What time does it start?

왓 타임 더짓 스탓?

기념사진을 찍을 때
Taking Photos

여기서 사진을 찍어도 됩니까?

May I take a picture here?

메아이 테이커 픽춰 히얼?

비디오 촬영을 해도 됩니까?

May I take a video?

메아이 테이커 뷔디오?

함께 사진을 찍으시겠습니까?

Would you take a picture with me?

우쥬 테이커 픽춰 위드 미?

여기서 우리들을 찍어 주시겠어요?

Please take a picture of us from here?

플리즈 테이커 픽춰럽 어스 프럼 히얼?

한 장 더 부탁합니다.

One more, please.

원 모어, 플리즈

나중에 사진을 보내드리겠습니다.

I'll send you the picture.

아일 샌듀 더 픽춰

• send 보내다

실례지만 당신을 찍어도 됩니까?

Excuse me. Can I take your picture?

익스큐스미. 캔 아이 테이켜 픽쳐?

건전지는 어디서 살 수 있나요?

Where can I buy a battery?

웨얼 캔 아이 바이 어 배터리?

오락을 즐길 때
Pastimes

좋은 나이트클럽이 있나요?
Do you know of a good nightclub?
두 유 노우 어붜 굿 나잇클럽?

이건 무슨 쇼입니까?
What kind of show is this?
왓 카인덥 쇼우 이즈 디스?

• show 쇼, 공연물

함께 춤추시겠어요?

Will you dance with me?
월 유 댄스 위드 미?

• dance 춤

근처에 디스코텍은 있습니까?

Are there any discos around here?
아 데어래니 디스코스 어롸운 히얼?

• around 근처에

카지노는 몇 시부터 합니까?

What time does the casino open?
왓 타임 더즈 더 커시노 오픈?

좋은 카지노를 소개해 주시겠어요?

Could you recommend a good casino?

쿠쥬 레커멘더 굿 커시노?

• recommend 추천하다

칩을 어디서 구하죠?

Where can I get chips?

웨얼 캔아이 겟 칩스?

• get 구하다, 얻다

가방을 맡아 주시겠습니까?

Can you hold my bag?

캔 뉴 호울 마이 백?

스포츠를 즐길 때
Sports

농구시합을 보고 싶은데요.

I'd like to see a basketball game.

아이드 라익 투 씨 어 배스킷볼 게임

• basketball 농구

오늘 경기할 수 있습니까?

Can we play today?

캔 위 플레이 투데이?

테니스를 하고 싶은데요.

We'd like to play tennis.

위드 라익 투 플레이 테니스

• play 놀다, 경기하다

골프 예약을 부탁합니다.

Can I make a reservation for golf?

캔 아이 메이커 레저베이션 풔 골프?

• reservation 예약

이 호텔에 테니스코트는 있습니까?

Do you have a tennis court in the hotel?

두 유 해버 테니스 코옷 인 더 호텔?

관광 · 스포츠에서 쓰는 영단어

개시시간	curtain time 커튼 타임
공연	performance 퍼포먼스
관광	tourism 투어리즘 tour 투어
관광지도	visitor's guide 비지터즈 가이드
극장	theater 띠어터
낮 공연	matinee 매터네이
농구	basketball 배스킷볼
대인, 어른	adult 어덜트
도박	gambling 갬블링
매진	sold out 소울다웃
미술관	art museum 아트 뮤지엄
박물관	museum 뮤지엄
반나절 관광	half day tour 해프 데이 투어
밤 공연	night performance 나잇 퍼포먼스
배구	volleyball 발리볼
사용료	fee 피이
사원, 절	temple 탬플

사진	picture 픽쳐 photograph 포토우그랩
수도	capital 캐피틀
역사 유적지	historic spot 히스토릭 스팟
예매소	booking office 부킹 어피스
온천	hot spring 핫 스프링 spa 스파
유람선	excursion boat 익스커전 보웃
유원지	amusement park 어뮤즈먼트 파크
유흥가	amusement center 어뮤즈먼트 센터
입석	standing room 스탠딩 룸 gallery 갤러리
입장권	admission ticket 엇미션 티킷
자유시간	free time 프리 타임
전람회, 박람회	exhibition 엑써비션
종료시간	closing time 클로우징 타임
지정석, 예약석	reserved seat 리절브드 씨잇
축제	festival 페스티벌 feast 피스트
표	ticket 티킷
하루 관광	one day tour 원 데이 투어

PART 6

쇼핑 Shopping

쇼핑 가이드

가게를 찾을 때 Looking fot the Shop

물건을 찾을 때 Looking for the Things

물건을 고를 때 Selecting the Things

백화점 · 면세점에서
At Department Store · Duty Free Shop

물건 값을 흥정할 때
Paying the Bill

포장과 배달을 원할 때
Wrap & Deliver

배송 · 교환 · 반품 · 환불을 원할 때
Exchange & Refund

쇼핑에서 쓰는 영단어

 가이드

★ **쇼핑에 관한 정보**

짧은 시간에 효율적인 쇼핑을 하려면 살 물건의 리스트를 미리 만들어 두는 것이 좋다. 또 각 도시의 명산물과 선물 품목 및 상점가의 위치 등을 미리 조사해 두는 것도 한 방법이다.

양주, 담배, 향수 등은 공항의 면세점에서 싸게 살 수 있으므로 맨 마지막에 공항에서 사도록 한다. 한정된 시간이긴 하지만 충동구매나, 성급한 구매는 삼가는 것이 좋다. 값이 싼 물건은 별 문제없지만 값이 비싼 물건은 가게에 따라 값도 매우 다르므로 한 집에서 결정하지 말고 몇 집 다녀본 뒤 좋은 것을 선택하는 것이 바람직하다. 특히 보석이나 시계는 신뢰할 만한 가게에서 사도록 해야 한다.

백화점이나 고급 상점은 별도지만 일반적인 선물 가게나 노점 같은 데서는 값을 깎아도 실례가 되지 않는다. 시장 같은 데서는 흥정해 보는 것도 괜찮다. 외국에서 쇼핑을 할 때는 우선 상점의 영업시간에 유의해야 한다. 각국마다 다르지만 보통 토요일 오후와 일요일 축제일에는 휴업이다. 그러나 대부분의 나라에서는 여행자를 상대로 하는 선물 가게는 연중무휴이다.

★ **백화점 쇼핑 에티켓**
상품을 고를 때 직접 만져보지 말고 보여 달라고 청하도록 한다. 또한 나라마다 물건값 흥정이 있을 수도 있고, 없을 수도 있는데, 동남아·중국·남미·유럽 등에서는 일류 백화점이나 면세점이 아니면 물건값을 깎아도 무방하나, 미국이나 서유럽에서는 물건값을 깎는 것이 실례가 된다는 사실을 알아두어야 한다.

가게를 찾을 때
Looking for the Shop

쇼핑 가이드는 있나요?

Do you have a shopping guide?

두 유 해버 쇼핑 가이드?

• shopping 쇼핑

선물은 어디서 살 수 있습니까?

Where can I buy some souvenirs?

웨얼 캔 아이 바이 썸 수버니얼스?

• souvenirs 선물, 기념품

면세점은 있습니까?

Is there a duty-free shop?

이즈 데어러 듀티-프리 샵?

• duty 세금

이 주변에 백화점은 있습니까?

Is there a department store around here?

이즈 데어러 디파러먼 스토어 어롸운 히얼?

편의점을 찾고 있습니다.

I'm looking for a convenience store.

아임 룩킹 풔러 컨뷔니언스 스토어

• convenience 편의, 편리

이 주변에 할인점은 있습니까?

Is there a discount shop around here?

이즈 데어러 디스카운 샵 어롸운 히얼?

그건 어디서 살 수 있나요?

Where can I buy it?

웨얼 캔 아이 바이 잇?

여기서 가까운 쇼핑센터는 어디입니까?

Where's the nearest shopping center from here?

웨어즈 더 니어리즛 샤핑 쎄너 프럼 히어?

물건을 찾을 때
Looking for the Things

여기 잠깐 봐주시겠어요?

Hello. Can you help me?
헬로. 캔 유 헬미?

무얼 찾으십니까?

May I help you?
메아이 헬퓨?

운동화를 사고 싶은데요.

I want a pair of sneakers.
아이 원트 어 페어 오브 스니컬즈

• pair 짝 • sneakers 운동화

아내에게 선물할 것을 찾고 있습니다.

I'm looking for something for my wife.
아임 룩킹 풔 썸씽 풔 마이 와입

캐주얼한 것을 찾고 있습니다.

I'd like something casual.
아이드 라익 썸씽 캐주얼

• casual 평상시의

저걸 보여 주시겠어요?

Would you show me that one?

우쥬 쇼우 미 댓 원?

- show 보여주다

이것과 같은 것은 있습니까?

Do you have any more like this?

두 유 해버니 모어 라익 디스?

이것뿐입니까?

Is this all?

이즈 디스 올?

- all 모두, 완전히

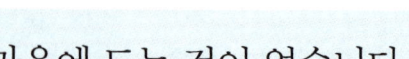

마음에 드는 것이 없습니다.
Nothing for me.
낫씽 풔 미

• nothing 아무것도

그걸 봐도 될까요?
May I see it?
메아이 씨 잇?

몇 개 보여 주세요.
Could you show me some?
쿠쥬 쇼우 미 썸?

• show 보여주다

다른 것을 보여 주시겠어요?

Can you show me another one?
캔 유 쇼우 미 어나더 원?

• another 또 하나, 더

품질이 더 좋은 것은 없습니까?

Do you have anything of better quality?
두 유 해브 애니씽 업 배러 퀄러티?

• quality 질, 품질

잠깐 다른 것을 보겠습니다.

I'll try somewhere else.
아일 트라이 썸웨얼 엘스

• somewhere 어딘가에 • else 또 다른

물건을 고를 때
Selecting the Things

무슨 색이 있습니까?

What kind of colors do you have?

왓 카인 업 컬러스 두 유 해브?

너무 화려[수수]합니다.

This is too flashy[plain].

디씨즈 투 플래쉬[플레인]

• flashy 호화로운, 화려한

더 화려한 것은 있습니까?

Do you have a flashier one?
두 유 해버 플래쉬어 원?

이 색은 좋아하지 않습니다.

I don't like this color.
아이 돈트 라익 디스 컬러

다른 스타일은 있습니까?

Do you have any other style?
두 유 해버니 아더 스타일?

어떤 디자인이 유행하고 있습니까?

What kind of style is now in fashion?

왓 카인돔 스타일 이즈 나우 인 패션?

• fashion 유행, 인기

이런 디자인은 좋아하지 않습니다.

I don't like this design.

아이 돈트 라익 디스 디자인

어떤 사이즈를 찾으십니까?

What size are you looking for?

왓 사이즈 아 유 룩킹 풔?

사이즈는 이것뿐입니까?

Is this the only size you have?
이즈 디스 디 온리 사이즈 유 해브?

제 사이즈를 모르겠는데요.

I don't know my size.
아이 돈트 노우 마이 사이즈

사이즈를 재주시겠어요?

Could you measure me?
쿠쥬 메줘 미?

• measure 재다, 측정하다

더 큰 것은 있습니까?

Do you have a bigger one?

두 유 해버 비거 원?

재질은 무엇입니까?

What's this made of?

왓츠 디스 메이덥?

• made 만들다

입어봐도 될까요?

May I try it on?

메아이 츄롸이론?

백화점 · 면세점에서
At Department Store·Duty Free Shop

여성용 매장은 어디에 있습니까?

Where's the ladies' department?

웨얼즈 더 레이디즈 디파러먼?

- ladies 여성용

화장품은 어디서 살 수 있습니까?

Where do you sell cosmetics?

웨얼 두 유 셀 카즈메틱스?

- cosmetics 화장품

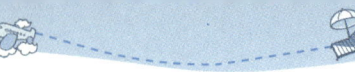

세일하는 물건을 찾고 있습니다.

I'm looking for some bargains.

아임 룩킹 풔 썸 바긴스

• bargains 싸게 사는 물건

신상품은 어느 것입니까?

Which are brand-new items?

위치 아 브렌뉴 아이템즈?

• items 항목

이것은 어느 브랜드입니까?

What brand is this?

왓 브렌드 이즈 디스?

• brand 상표, 브랜드

면세점은 어디에 있습니까?

Where's a duty free shop?

웨얼저 듀리 프리 샵?

얼마까지 면세가 됩니까?

How much duty free can I buy?

하우 머취 듀리 프리 캔 아이 바이?

특산품으로는 무엇이 있습니까?

What special products do you have here?

왓 스페셔어 프라덕츠 두 유 해브 히어?

물건 값을 흥정할 때
Paying the Bill

계산은 어디서 합니까?

Where is the cashier?

웨어리즈 더 캐쉬어?

• cashier 출납원

전부해서 얼마나 됩니까?

How much is it all together?

하우 머치즈 잇 올 터게더?

하나에 얼마입니까?

How much for one?
하우 머치 풔뤈?

이건 세일 중입니까?

Is this on sale?
이즈 디쏜 세일?

- sale 세일, 할인 판매

세금이 포함된 가격입니까?

Does it include tax?
더짓 인클루드 텍스?

- include 포함하다 • tax 세금

너무 비쌉니다.

It's too expensive.

잇츠 투 익스펜시브

- expensive (값이) 비싼

깎아 주시겠어요?

Can you give a discount?

캔 유 기버 디스카운?

더 싼 것은 없습니까?

Anything cheaper?

애니씽 취퍼?

- cheap (값이) 싼

깎아주면 사겠습니다.

If you discount I'll buy.
이퓨 디스카운 아일 바이

얼마면 됩니까?

How much are you asking?
하우 머취 아 유 애스킹?

생각했던 것보다 값이 비싼데요.

It costs more than I thought.
잇 코스츠 모얼 댄 아이 쏘트

• cost 값, 비용

지불은 어떻게 하시겠습니까?

How would you like to pay?

하우 우쥬 라익 투 페이?

• pay 지불하다

카드도 됩니까?

May I use a credit card?

메아이 유저 크레딧 카드?

영수증을 주시겠어요?

Could I have a receipt?

쿠다이 해버 리싯?

• receipt 영수증

포장과 배달을 원할 때
Wrap & Deliver

봉지를 주시겠어요?

Could I have a bag?

쿠다이 해버 백?

• bag 봉지

이걸 선물용으로 포장해 주시겠어요?

Can you gift-wrap this?

캔 유 깁트 랩 디스?

• wrap 포장하다

따로따로 포장해 주세요.

Please wrap them separately.

플리즈 랩 뎀 세퍼레이틀리

- separately 따로따로, 별도로

이거 넣을 박스 좀 얻을 수 있나요?

Is it possible to get a box for this?

이짓 파써블 투 게러 박스 풔 디스?

- possible 가능한

이걸 호텔까지 갖다 주시겠어요?

Could you send this to Hotel?

쿠쥬 샌드 디스 투 호텔?

이 주소로 이것을 배달해 주시겠어요?

Can I have these delivered to this adress?

캔 아이 해브 디즈 딜리벌드 투 디스 어드레스?

언제 배달해 주시겠습니까?

When would it arrive?

웬 우딧 어라이브?

- arrive 도착하다

별도로 요금이 듭니까?

Is there an extra charge for that?

이즈 데어런 엑스트러 챠지 풔 댓?

- extra 추가의

배송·교환·반품·환불을 원할 때
Exchange & Refund

이 주소로 보내 주세요.

Please send it to this address.
플리즈 샌딧 투 디스 어드레스

• address 주소

다른 것으로 바꿔 주시겠어요?

Can I exchange it for another one?
캔 아이 익스체인쥐 잇 풔 어나더 원?

• exchange 교환, 맞바꿈

반품하고 싶은데요.

I'd like to return this.

아이드 라익 투 리턴 디스

• return 반납, 돌려보냄

환불해 주시겠어요?

Can I have a refund?

캔 아이 해버 리펀드?

• refund 환불하다

영수증은 여기 있습니다.

Here is a receipt.

히어리저 리싯

• receipt 영수증

쇼핑에서 쓰는 영단어

견본	sample 쌤플
계산	figures 피규얼즈
교환	exchange 익스췌인쥐
귀금속점	jewelry store 쥬월리 스토어
금	gold 골드
기념품	souvenir 수버니어 present 프레즌트
남성복	men's clothes 멘즈 클로씨즈
담배	cigarette 씨거렛
매장	counter 카운터 department 디파트먼트
면세품점	duty-free shop 듀티 프리 샵
목걸이	necklace 네클리스
문구점	stationery store 스테이셔너리 스토어
바겐세일	bargain sale 바긴쎄일
백화점	department store 디파트먼 스토어
벼룩시장	flea market 플리 마킷
보석	jewelry 쥬월리
보증서	guarantee 개런티

선물	gift 기프트 present 프레즌트	
세금	tax 택스 duty 듀티 taxation 택쎄이션	
슈퍼마켓	supermarket 수퍼마킷	
스포츠용품	sporting goods 스포팅 굿즈	
신사복	business suit 비즈니스 수트	
신용카드	credit card 크레딧 카드	
아동복	children's clothes 췰드런즈 클로우즈	
여성복	women's clothes 위민즈 클로씨즈	
영업시간	business hour 비지니스 아워	
완구점	toy shop 토이 스토어	
잔돈	small change 스몰 체인쥐	
장난감	toy 토이 plaything 플레이씽	
치수	measure 매줘 〈길이〉 size 싸이즈 〈크기〉	
할인	discount 디스카운트 reduction 리덕션	
현금	cash 캐쉬	
화장품	cosmetics 카즈메틱스	
환불	refund 리펀드	

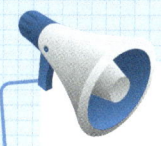

PART 7

트러블 Trouble

안전 대책 가이드

영어를 잘 모를 때
Mutual Understanding

난처한 상황에 빠졌을 때
A Difficult Situation

물건을 분실했거나 도난당했을 때
Lost · Theft

사고가 났을 때
Accident

몸이 아플 때
Illness & Injury

긴급 상황에서 쓰는 영단어

안전 대책 가이드

★ **아플 때**

여행을 떠나기 전에 미리 건강상태를 체크해 보는 것이 좋다. 건강한 사람이라도 여행 중에는 환경 변화와 피로로 인해 질병을 얻기 쉬우므로 혹시라도 만성적인 질환을 가지고 있다면 검사를 받아보는 것이 안전하다. 외국에서도 우리와 마찬가지로 의사의 처방전이 없이는 약을 살 수 없는 경우가 많으므로 간단한 상비약품 정도는 준비해 두는 것이 좋다. 만성질환이 있는 사람이라면 국내의 의사에게 영어로 된 처방전을 받아서 가지고 가는 게 좋다. 만일의 경우 여행지의 의사에게 보이고 처방전을 받아야 할 일이 생길 수도 있기 때문이다.

★ **여권을 분실했을 때**

1. 가까운 경찰서에서 POLICE REPORT(분실증명 확인서)를 받는다.
2. 현지 공관(한국 영사관)에 가서 다음과 같은 서류를 발급 받는다.

- 사진
- 여권 분실증명서
- 여권번호와 발행 연월일
- 여행증명서(Travel Certificate)
- 입국 증명서(입국 증명이 되지 않으면 출국할 수 없는 경우가 있음)

여행증명서만으로는 다음 여행이 불가능하며 바로 귀국한다. 계속 여행할 시는 경유지란에 다음 목적지를 명기해 계속 여행할 수 있도록 한다. 이 경우 다음 여행국의 VISA 관련 사항도 확인하여 VISA가 필요할 때는 현지에서 다음 여행국의 VISA를 받을 수 있도록 한다. 여권 분실로 인한 입국 확인(입국 STAMP)을 위해 사전에 또는 공항에서 출국할 때 입국 STAMP를 받을 수 있는지를 확인해야 한다.

영어를 잘 모를 때
Mutual Understanding

영어를 할 줄 압니까?

Do you speak English?

두 유 스픽 잉글리쉬?

• speak 이야기하다

영어는 할 줄 모릅니다.

I can't speak English.

아이 캔트 스픽 잉글리쉬

한국어를 하는 사람은 있습니까?

Does anyone speak Korean?

더즈 애니원 스픽 코리언?

• anyone 누구, 아무

통역을 부탁하고 싶은데요.

I need an interpreter.

아이 니던 인터프리터

• interpreter 통역사

한국어판은 있습니까?

Do you have one in Korean?

두 유 해브 원 인 코리언?

좀 더 천천히 말씀해 주세요.

Speak more slowly, please.

스픽 모어 스로우리, 플리즈

- slowly 느리게, 천천히

써주세요.

Write it down, please.

롸이릿 다운, 플리즈

- write 쓰다, 집필하다

한국대사관에 연락해 주세요.

Please call the Korean Embassy.

플리즈 콜 더 코뤼언 엠버시

난처한 상황에 빠졌을 때
A Difficult Situation

문제가 생겼습니다.

I have a problem.
아이 해버 프라블럼

• problem 문제

트러블

지금 무척 난처합니다.

I'm in big trouble now.
아임 인 빅 트러블 나우

• trouble 곤란

무슨 좋은 방법이 없을까요?

Do you have any suggestions?
두 유 해버니 써제스쳔스?

- suggestion 제안, 의견

어떻게 하면 좋을까요?

What should I do?
왓 슈다이 두?

화장실은 어디죠?

Where's the rest room?
웨얼즈 더 레슷 룸?

- rest 쉬다

무엇을 원하세요?

What do you want?

왓 두 유 원?

• want 원하다

알겠습니다. 다치게만 하지 마세요.

Okay. Don't hurt me.

오케이. 돈ㅌ 헐ㅌ미

• hurt 다치게 하다, 아프다

시키는 대로 할게요.

Whatever you say.

와래버 유 쎄이

• whatever 어떤 ~일지라도

잠깐! 뭘 하는 겁니까?

Hey! What are you doing?

헤이! 와라유 두잉?

그만 두세요!

Stop it!

스타핏!

- stop 멈추다, 서다

만지지 말아요!

Don't touch me!

돈트 터취 미!

- touch 만지다, 접촉하다

저리 가!

Leave me alone!
리브 미 얼론!

• alone 혼자, 단독으로

가까이 오지 말아요!

Stay away from me!
스테이 어웨이 프럼 미!

• away 떨어져

경찰을 부르겠다!

I'll call the police!
아일 콜 더 폴리스!

• police 경찰

 **물건을 분실했거나 도난 당했을 때** Lost · Theft

---

분실물 취급소는 어디에 있습니까?

Where is the lost and found?

웨어리즈 더 로슷 앤 퐈운드?

- found 세우다

여권을 잃어버렸습니다.

I lost my passport.

아이 로슷 마이 패스폿

- passport 여권

어디서 잃어버렸는지 기억이 안 납니다.

I'm not sure where I lost it.
아임 낫 슈얼 웨어라이 로스팃

멈춰! 도둑이야!

Stop! Thief!
스탑! 씨프!

- thief 도둑, 절도범

저놈이 내 가방을 뺐어갔어요!

He took my bag!
히 툭 마이 백!

지갑을 소매치기 당했어요!

My wallet was taken by a pickpocket!
마이 왈릿 워즈 테이컨 바이 어 픽파킷!

• wallet 지갑 • pickpocket 소매치기

경찰에 신고해 주시겠어요?

Will you report it to the police?
윌 유 리포팃 투 더 폴리스?

• report 알리다, 보도하다

누가 좀 빨리 와 주십시오.

Please come immediately.
플리즈 컴 이미리엇리

사고가 났을 때
Accident

교통사고를 당했습니다.

I was in a car accident.

아이 워즈 이너 카 액시던

• accident 사고

구급차를 불러 주세요!

Please call an ambulance!

플리즈 콜 언 앰뷸런스!

• ambulance 구급차

다친 사람이 있습니다.

There is an injured person here.

데어리즈 언 인쥐드 퍼슨 히얼

• injured 다친, 부상을 입은

저를 병원으로 데려가 주시겠어요?

Could you take me to a hospital?

쿠쥬 테익 미 투 어 하스피럴?

• hospital 병원

사고를 냈습니다.

I've had an accident.

아이브 해던 액시던

렌터카 회사로 연락해 주시겠어요?

Would you contact the car rental company?

우쥬 칸택 더 카 렌틀 컴퍼니?

사고증명서를 써주시겠어요?

Will I get a police report?

윌 아이 게러 펄리스 리폿?

나는 잘못이 없습니다.

It wasn't my fault.

잇 워즌 마이 풔어트

 # 몸이 아플 때
Illness & Injury

의사를 불러 주세요.

Please call a doctor.
플리즈 콜 어 닥터

- doctor 의사

집에 데려다 주시겠어요?

Could you take me home?
쿠쥬 테익 미 홈?

진료 예약을 하고 싶은데요.

Can I make an appointment?
캔 아이 메이컨 어포인먼?

- appointment 약속

한국어를 아는 의사는 있나요?

Is there a Korean-speaking doctor?
이즈 데어러 코리언-스피킹 닥터?

열이 있습니다.

I have a fever.
아이 해버 퓌버

- fever 열, 과열

여기가 아픕니다.

I have a pain here.

아이 해버 페인 히얼

• pain 아픔, 고통

다쳤습니다.

I've injured myself.

아이브 인쥬얼드 마이셀프

• injured 다친, 부상을 입은

이건 한국 의사가 쓴 것입니다.

This is from my doctor in Korea.

디씨즈 프럼 마이 닥터 인 코리어

진단서를 써주시겠어요?

Would you give me a medical certificate?

우쥬 기브 미 어 메디컬 써티퍼킷?

- medical 의학 · certificate 증명서

예정대로 여행을 해도 괜찮습니까?

Can I travel as scheduled?

캔 아이 트래벌 애즈 스케쥴드?

- travel 여행

〈약국에서〉 이 처방전 약을 주세요.

Fill this prescription, please.

필 디스 프리스크립션, 플리즈

- prescription 처방전

긴급 상황에서 쓰는 영단어

간호사	nurse 널스
감기	cold 코울드
검사	investigation 인베스티게이션
경찰	police 펄리스
교통사고	traffic accident 트래픽 엑씨던트
구급차	ambulance 앰뷸런스
내과	the internal department 디 인터널 디파트먼트
도난	theft 세프트
두통	headache 헤데익
병원	hospital 하스피털
사고	accident 액씨던트
생리	period 피리어드
설사	diarrhea 다이어리어
소매치기	pickpocket 픽파킷
소변	urine 유린
식중독	food poisoning 푸드 포이즈닝
싸움	quarry 쿼어리 〈말다툼〉 trouble 트러블

약	medicine 메더슨
연락처	contact address 칸택 애드레스
열	fever 피버
응급처치	first-aid (treatment) 퍼스테잇 (트릿먼트)
의료보험	medical insurance 메디컬 인수어런스
의사	medical doctor 메디컬 닥터
입원	hospitalization 하스피털리제이션
주사	injection 인젝션 shot 샷
진단서	medical certificate 메디컬 씨티피킷
진료예약	appointment 어포인트먼트
진찰	medical examination 메디컬 익재미네이션
처방전	prescription 프리스크립션
체포	arrest 어레스트
피해자	victim 빅팀
한국대사관	the Korean Embassy 더 코리언 엠버씨
한국영사관	the Korean Consulate 더 코리언 칸슬릿
환자	patient 페이션트

귀국 Returning to Korea

귀국 가이드

여행을 마치고 귀국을 준비할 때
Reconfirm

공항으로 갈 때
From the City to the Airport

탑승수속을 밟을 때
Boarding Procedures

비행기를 탑승할 때
Boarding Guide

탑승했을 때
On the Airplane

귀국·통신할 때 쓰는 영단어

 가이드

★ **짐 정리**

출발하기 전에 맡길 짐과 기내로 가지고 들어갈 짐을 나누어 꾸리고 토산품과 구입한 물건의 품명과 금액 등에 대한 목록을 만들어 두면 좋다.

★ **예약 재확인**

귀국할 날이 정해지면 미리 좌석을 예약해 두어야 한다. 또 예약을 해 두었을 경우에는 출발 예정 시간의 72시간 이전에 예약 재확인을 해야 한다. 이것은 항공사의 사무소나 공항 카운터에 가든지 아니면 전화로 이름, 연락 전화번호, 편명, 행선지를 말하면 된다. 재확인을 안 하면 예약이 취소되는 경우도 있으므로 주의해야 한다.

★ **체크인**

귀국 당일은 출발 2시간 전까지 공항에 미리 나가서 체크인을 마쳐야 한다. 출국 절차는 매우 간단하다. 터미널 항공사 카운터에 가서 여권, 항공권, 출입국카드(입국시 여권에 붙여 놓았던 것)를 제시하면 직원이 출국카드를 떼어내고 비행기의 탑승권을 준다. 동시에 화물편으로 맡길 짐도 체크인하면 화물 인환증을 함께 주므로 잘 보관해야 한다.

항공권에 공항세가 포함되지 않았을 경우에는 출국 공항세를 지불해야 하는 곳도 있다. 그 뒤는 보안검사, 수화물 X선 검사를 받고 탑승권에 지정되어 있는 탑승구로 가면 된다. 면세품을 사려면 출발 로비의 면세점에서 탑승권을 제시하고 구입하면 된다.

여행을 마치고 귀국을 준비할 때 Reconfirm

인천행을 예약하고 싶은데요.

I'd like to reserve a seat for Incheon.

아이드 라익 투 리절버 씻 풔 인천

내일 비행기는 예약이 됩니까?

Can you book us on tomorrow's flight?

캔 유 부커스 온 터머로우즈 플라잇?

다른 비행기는 없습니까?

Do you have any other flights?
두 유 해버니 아더 플라잇츠?

편명과 출발 시간을 알려 주시겠어요?

What is the flight number and departure time?
와리즈 더 플라잇 넘버 앤 디파춰 타임?

몇 시까지 탑승수속을 하면 됩니까?

By what time should we check in?
바이 왓 타임 슈드 위 체킨?

예약을 재확인하고 싶은데요.

I'd like to reconfirm my flight.

아이드 라익 투 리컨프 마이 플라잇

• reconfirm 재확인하다

성함과 편명을 말씀하십시오.

Your name and flight number, please.

유어 네임 앤 플라잇 넘버, 플리즈

무슨 편 몇 시발입니까?

What's the flight number and the departure time?

왓츠 더 플라잇 넘버 앤 더 디파춰 타임?

한국에서 예약했는데요.

I reserved my flight in Korea.

아이 리절브드 마이 플라잇 인 코리아

비행편을 변경할 수 있습니까?

Can I change my flight?

캔 아이 췌인지 마이 플라잇?

• change 바꾸다

10월 9일로 변경하고 싶습니다.

I'd like to change it to October 9th(ninth).

아이드 라익 투 췌인짓 투 악토버 나인스

예약을 취소하고 싶은데요.

I'd like to cancel my reservation.

아이드 라익 투 캔슬 마이 레절붸이션

다른 항공사 비행기를 확인해 주세요.

Please check other airlines.

플리즈 첵 아더 에어라인스

- airline 항공사

해약 대기로 부탁할 수 있습니까?

Can you put me on the waiting list?

캔 유 풋 미 온 더 웨이링 리슷?

- waiting 대기, 정차

공항으로 갈 때
From the City to the Airport

공항까지 가주세요.

Take me to the airport, please.
테익 미 투 디 에어폿, 플리즈

• airport 공항

짐은 몇 개입니까?

How many pieces baggage?
하우 메니 피시즈 배기쥐?

• pieces 한 부분, 조각

공항까지 어느 정도 걸립니까?

How long will it take to get to the airport?

하우 롱 윌릿 테익 투 겟 투 디 에어폿?

공항까지 얼마나 나옵니까?

How much will it cost to the airport?

하우 머취 윌 잇 코스투 디 에어포엇?

빨리 가주세요. 지금 늦었습니다.

Please hurry. I'm late, I am afraid.

플리즈 허리. 아임 레잇, 아이 엠 어프레잇

• hurry 서두르다

기사님, 호텔로 다시 가주시겠어요?

Driver, Would you go back to the hotel?

드라이버, 우쥬 고 백 투 더 호텔?

중요한 것을 두고 왔습니다.

I left something very important there.

아이 랩트 썸씽 붸리 임포턴 데얼

- important 중요한

지금 어디 근처입니까?

Where are we now?

웨어라 위 나우?

탑승수속을 밟을 때
Boarding Procedures

탑승수속은 어디서 합니까?
Where do I check in?
웨얼 두 아이 첵인?

대한항공 카운터는 어디입니까?
Where's the Korean Air counter?
웨얼즈 더 코리언 에어 카운터?

• counter 계산대, 판매대

공항세는 있습니까?

Is there an airport tax?

이즈 데어런 에어폿 택스?

• tax 세금

통로석[창가석]으로 주세요.

An aisle seat[A window seat], please.

언 아일 씻[어 윈도우 씻], 플리즈

• aisle 통로

맡길 짐은 있으십니까?

Any baggage to check?

애니 배기쥐 투 첵?

귀국

맡길 짐은 없습니다.

I have no baggage to check.

아이 해브 노 배기쥐 투 첵

- baggage 수화물, 짐

이 가방은 기내로 가지고 들어갑니다.

This is a carry-on bag.

디씨저 캐리온 백

탑승은 몇 시에 시작합니까?

What time will we start boarding?

왓 타임 윌 위 스타팃 보딩?

비행기를 탑승할 때
Boarding Guide

〈탑승권을 보이며〉 몇 번 게이트입니까?

What gate is it?
왓 게잇 이짓?

• gate 문, 정문

3번 게이트는 어느 쪽입니까?

Which way is Gate 3(three)?
위치 웨이즈 게잇 쓰리?

귀국

인천행 탑승 게이트는 여기입니까?

Is this the gate for Incheon?

이즈 디스 더 게잇 풔 인천?

탑승은 시작되었습니까?

Has boarding started yet?

해즈 보딩 스타팃 옛?

방금 인천행 비행기를 놓쳤는데요.

We just missed the flight to Incheon.

위 저슷 미슷 더 플라잇 투 인천

- miss 놓치다

면세점은 어디에 있습니까?

Where is the duty-free shop?

웨어리즈 더 듀티-프리 샵?

· shop 가게, 상점

탑승권을 보여 주십시오.

Show me your boarding card, please.

쇼우 미 유어 보딩 카드, 플리즈

탑승권 여기 있습니다.

Here's your boarding pass.

히어즈 유어 보딩 패스

탑승했을 때
On the Airplane

이 좌석은 비어 있습니까?
Is this seat taken?
이즈 디쓰 씻 테이컨?

• seat 자리, 좌석

좌석을 좀 바꿔도 될까요?
May I change my seat?
메아이 췌인지 마이 씻?

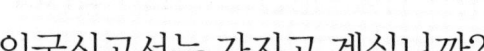

입국신고서는 가지고 계십니까?

Do you have an immigration card?

두 유 해번 이머그레이션 카드?

- immigration 이주, 입국

이것이 세관신고서입니다.

This is the customs declaration form.

디씨즈 더 커스텀즈 데클러레이션 폼

- customs 세관 · declaration 신고서

귀국

입국카드 작성법을 잘 모르겠습니다.

I'm not sure how to fill out the immigration card.

아임 낫 슈얼 하우 투 필 아웃 디 이머그레이션 카드

귀국 · 통신에서 쓰는 영단어

검사하다	check 첵 examine 익재민
검역	quarantine 쿼런틴 health check 헬쓰 첵
개인용품	personal effects 퍼스널 이펙츠
기입하다	fill in 필 린 fill out 필 아웃
관세	tariff 태리프
공중전화	public telephone 퍼블릭 텔러폰 pay phone 페이 폰
국가번호	country code 컨츄리 코드
국외전보	overseas telegram 오우버씨즈 텔러그램
국제전화	international call 인터내셔널 콜
기본요금	basic rate 베이식 레잇 basic charge 베이식 차쥐
긴급통화	emergency call 이머전시 콜
등기	registered mail 레지스터드 메일
몸수색	search 써취 frisking 프리스킹
받는 사람 주소	address 애드레스
발송지	forwarding address 포워딩 애드레스
발신인	addresser 어드레써
보내는 사람	sender 쎈더

보내는 사람 주소	return address 리턴 애드레스
보안검색	security check 씨큐리티 첵
상대방	the other party 디 아더 파티
선편	surface mail 써피스 메일 sea mail 씨이 메일
소포	parcel 파설
수화기, 받는 사람	receiver 리씨버
수하물 분실신고서	lost baggage report 러스트 배기쥐 리포트
수화물 인수증	claim tag 클레임택
시내통화	local call 로우컬 콜
시외통화	long distance call 롱 디스턴스 콜
신고하다	declare 디클레어
요금	price 프라이스 charge 차쥐 fee 피이
우체국	post office 포스트 어피스
우편엽서	post card 포스트 카드
우표	stamp 스탬프 postage stamp 포스티쥐 스탬
장거리전화	long distance call 롱 디스턴스 콜
전보	telegram 텔러그램

memo

memo

memo

memo

memo

meno

memo